Hans Jellouschek

Wie man besser mit den Wünschen seiner Frau umgeht

Vom Fischer und seiner Frau

Kreuz

Inhalt

Ein Märchen, das mir etwas Wichtiges zu sagen hat

Von Angela Seifert

Das Märchen »Vom Fischer und seiner Frau« ist zu Ihnen gekommen. Vielleicht hat es Ihnen jemand geschenkt oder Sie haben es selber gekauft, weil Sie diese Geschichte fasziniert. Was ist für Sie daran so interessant? Das weiß ich natürlich nicht, doch ich kann aus meinen Erfahrungen als Psychotherapeutin einiges erzählen, was Ihnen hilfreich sein könnte, selbst ein wenig Klarheit in Ihre Lebensgeschichte zu bringen – wenn das Ihr Anliegen ist.

In der Transaktionsanalyse, die der amerikanische Psychiater und Psychotherapeut Eric Berne begründet hat, arbeiten wir sowohl mit den Lieblingsmärchen der Kindheit als auch mit den Geschichten, die später im Leben bedeutungsvoll für die/den Betreffende/n geworden sind.

Wenn Sie wollen, können Sie einmal schauen, ob Sie Ihr persönliches Skriptmuster, Ihr Lebensdrehbuch im Märchen »Vom Fischer und seiner Frau« entdecken.

An welche Ereignisse erinnern Sie sich, als Sie vier oder fünf Jahre alt waren? Wie haben Sie sich damals in der Familie, in der Sie aufgewachsen sind, erlebt? Am besten, Sie schreiben erst einmal alles auf, was Ihnen einfällt.

Und wenn Sie noch ein Übriges tun wollen, um Ihrer Skriptgeschichte auf den Grund zu gehen, empfiehlt es sich, bevor Sie weiter lesen und vor allem, bevor Sie das Märchen noch einmal lesen, eine kurze Inhaltsangabe des Märchens aus dem Gedächtnis aufzuschreiben, nach dem, was Sie von diesem Märchen noch erinnern. Sie soll wirklich nur kurz sein, fassen Sie das für Sie Wesentliche in wenigen Sätzen zusammen.

Falls Ihnen darüber hinaus noch ein Buch, Theaterstück, Kinofilm einfällt, das/der Sie in der Zeit der Pubertät, also zwischen 12 und 18 Jahren, sehr beeindruckt hat, schreiben Sie auch eine kurze Zusammenfassung darüber. Und wenn Sie dann noch Lust zu weiteren Recherchen über Ihren unbewussten Lebensplan haben, überlegen Sie, welche Geschichte Ihnen in den vergangenen zwei bis drei Jahren wichtig war, und verfahren mit ihr wie mit der Zusammenfassung des Märchens und der Pubertätsgeschichte.

Anschließend können Sie schauen, ob Sie ein gemeinsames Thema zwischen dem Märchen und der Geschichte aus den vergangenen zwei bis drei Jahren entdecken. Das Thema der Pubertätsgeschichte wird auch entweder ähnlich sein oder es zeigt eine Gegenposition auf. Denn die Adoleszenz ist oft eine Zeit der Rebellion, und da konstelliert sich im Heranwachsenden eine Tendenz, das Alte, Vertraute aufzubrechen, die bis dahin abgelehnte Seite – oft ist es die ureigene, die den Eltern zuliebe unterdrückt wird – in das Verhaltensrepertoire mit aufzunehmen. Die Lieblingsgeschichte aus der Pubertät kann also, falls das Lieblingsmärchen aus der Kindheit und die bevorzugte Lektüre aus jüngster Zeit eine Einseitigkeit und damit eine Einschränkung des Lebendigseins aufweisen, die Lösung beinhalten.

Zu einem »richtigen« Drehbuch für das Theater oder für einen Film gehören ganz bestimmte Rollen:

- die Hauptperson, um die sich das Ganze dreht – in den Märchen Held oder Heldin genannt – diese Rolle teilt das Kind natürlich sich selbst zu;
- der Widersacher/die Widersacherin, der/die das Leben erschwert – im Märchen tritt diese Person meist als böser

Zauberer oder als Hexe auf, die das Kind in der Person erlebt, die hauptsächlich seine Spontaneität einschränkt;

- der Retter/die Retterin – z. B. eine gute Fee, ein alter Weiser, oft übernehmen auch hilfreiche Tiere diesen Part –, diese Rolle überträgt das Kind manchmal einer lieben Oma oder einem verständnisvollen Opa, aber auch anderen Menschen, denen es vertrauen kann.
- Dann gibt es auch noch weitere Personen, die unverzichtbar sind, sowie einige Randfiguren, die dazu beitragen, dass die Geschichte unerwartete Verwicklungen erhält, also spannend ist und nicht allzu rasch zu Ende geht.

Und natürlich, das Wichtigste bei jedem spannenden Drehbuch: Es gibt am Schluss etwas zu gewinnen, eine Prinzessin oder einen Königssohn, einen Schatz oder gar das eigene Leben. In diesem Märchen gibt es sehr viel zu gewinnen, aber auch viel zu verlieren. Die Spannung einer Geschichte besteht darin, dass es mittendrin oft so aussieht, als sei dieser Gewinn nicht zu erzielen, als sei er für immer verspielt, als müsste am Ende der Held/die Heldin als Verlierer/Verliererin da stehen. Hier ist es umgekehrt: Es sieht immer wieder so aus, als könnte die Heldin/der Held sehr viel gewinnen, doch am Ende verlieren die beiden alles. Statt sich als Gewinner im Leben einzurichten, machen sie sich zu Verlierern.

Es ist eben wie im richtigen Leben, denn Drehbücher jedweder Art werden nach den Erfahrungen geschrieben, die das Leben liefert.

Gerade in den Geschichten der frühen Kindheit, also im Vorschulalter, wird das Thema des weiteren Lebens besonders eindrucksvoll deutlich. In diesem Alter sind Kinder sehr aufnahmebereit für alles, was um sie herum geschieht, sie beobachten genau die Menschen, mit denen sie zu tun haben, vor allem natürlich Mutter, Vater und Geschwister, und sie treffen eine später meist nicht mehr bewusste Entscheidung. Zum Beispiel kann ein Kind sich sagen: »Ich werde nie mehr meine Gefühle zeigen«, wenn es erlebt hat, dass seine Gefühle nicht ernst genommen werden. Und als Erwachsene/r wird dieser Mensch dann von anderen als überwiegend rational denkend oder gar als gefühlskalt wahrgenommen. Oder ein Kind sieht, dass jemand in der Familie oft krank ist und deswegen besonders viel Aufmerksamkeit erhält. Es kann sich vornehmen: »Ich werde auch oft krank sein, dann kümmern sich die anderen um mich.« Oder – das ist manchmal bei einem Kind der Fall, das als jüngstes in einer Familie aufwächst – es spürt, dass Mama es am liebsten immer bei sich haben, es nicht eines Tages hergeben möchte, dann kann es sich vornehmen: »Ich verlasse Mama nie. Am Besten, ich werde gar nicht wirklich erwachsen.« Daraus wird dann möglicherweise ein Mensch, der auch im Alter noch kindlich wirkt und von anderen Menschen, z.B. in seinen Partnerschaften, auf ungesunde Weise abhängig bleibt.

Wir nennen diese Schlussfolgerung, die das Kind aus dem zieht, was es in der Familie erlebt, – es gibt natürlich noch viel mehr, als die hier kurz geschilderten – seine »Skriptentscheidung«. Sie ist maßgebend für den, oft noch unbewussten, persönlichen Lebensplan, denn die Gefühlsreaktionen und Verhaltensweisen werden um die entsprechende Entscheidung herum aufgebaut.

Als Vor-Bilder, um so ein »Lebensdrehbuch« innerlich »schreiben« zu können, sucht sich das Kind aus den Geschichten, die es hört, diejenigen aus, die zu seiner jeweiligen Entscheidung passen. Zum Beispiel kann sich ein kleines Mädchen, das seine Mutter als sehr fordernd erlebt, mit dem Butt im Märchen »Vom Fischer und seiner Frau« identifizieren und dieses Märchen dann zu seinem Lieblingsmärchen erklären, weil es darin beschrieben findet, wie es den allzu großen Forderungen Grenzen setzen kann. Oder ein kleiner Junge erlebt, dass seine Mama oft unerbittlich streng mit ihm umgeht und er beschließt, ihr eines Tages alles zu nehmen, was ihr lieb ist. Das Liebste ist möglicherweise er selbst, und er wird sich ihr später auf eine radikale Weise entziehen. So werden die Märchen und Geschichten für das Kind zu Leitbildern für ein bestimmtes Lebensmuster. Es projiziert sowohl seine innere Not als auch seine Hoffnung, die Möglichkeit der Erlösung, auf die Gestalten, die ihm das Märchen vorstellt.

Wenn man viele Lebensgeschichten kennen lernt, fällt auf, dass es für ein Kind fast immer das Wichtigste ist, die Eltern glücklich machen zu wollen. Die meisten Kinder tun unheimlich viel für Mama und Papa, wobei dann die Tragik des weiteren Lebens darin besteht, dass sie an dieser Aufgabe scheitern. Dies ist sehr drastisch gerade in diesem Märchen beschrieben. Denn ein Kind kann es nicht machen, dass Mutter und Vater glücklich und gesund sind, dafür können die beiden nur selber sorgen. Zu diesem Zweck kommt das Kind auch nicht auf die Welt. Es wird geboren, um selbst sein Leben zu leben, seinen eigenen Weg zu gehen und sein Glück zu finden. So wie der Held/die Heldin im Märchen.

Was haben Sie getan für Ihre Eltern? Wollten Sie auch, dass Mama zufrieden und Papa stolz war auf die Kleine/den Kleinen? Haben Sie vielleicht besonders viel Rücksicht genommen, wenn Mama wieder einmal schlecht gelaunt war, weil sie Streit mit Papa hatte oder sehr angestrengt war, weil sie noch weitere Geschwister versorgen oder Geld verdienen musste? Möglicherweise nahmen Sie sich damals vor, immer recht eifrig und dankbar zu sein wie der Butt und alle Arbeiten, die dem Kind aufgetragen wurden, zur Zufriedenheit der Eltern zu erfüllen. Vielleicht war Ihr Vater sehr stolz auf seine geduldige Tochter oder auf seinen braven Sohn und Sie wollten ihn nicht enttäuschen und haben stets nach einer besonders guten Lösung für eine schwierige Aufgabe gesucht.

Da kann es natürlich zu Überforderungen im zarten Kindesalter kommen und die Folge davon könnte sein, dass Sie später im Leben die an Sie gestellten Aufgaben nicht mehr richtig einschätzen können und diese entweder für unlösbar halten – wie die Mutter wirklich zufrieden zu stellen – oder sie sind überzeugt, stets alles, auch das beinahe Unmögliche, schaffen zu müssen – wie der Butt.

Wie auch immer – eine Zeitlang macht es im Leben nichts aus, wenn man sich unter- oder überfordert, doch auf Dauer kann beides zu unangenehmen Folgen führen. Zumindest wird der schließliche Lebensgewinn dadurch oft in Frage gestellt, was in diesem Märchen sehr deutlich zum Ausdruck kommt.

Hier wäre also für Sie die Frage nach Ihren Kräften und Fähigkeiten wichtig. Wissen Sie – realistisch! – um die Energien, die in Ihnen vorhanden sind, also meinen Sie – im übertragenen Sinne – des Fischers Frau zum Kaiser machen zu können? Oder denken Sie, im Gegenteil, immer alle an Sie gestellten Wünsche erfüllen – zum Beispiel es allen Leuten Recht machen zu müssen, zu allem, was die anderen von Ihnen erwarten, stets »Ja« zu sagen – und sind damit hoffnungslos überfordert, weil Sie so nicht zu dem kommen, was Sie eigentlich möchten? Und was geben Sie womöglich von Ihrem Eigenen her, um die Wünsche anderer zu erfüllen? Im Märchen ist es der Reichtum, den die Frau des Fischers fordert, d. h. symbolisch gesehen, Ihr größter innerer Schatz, Ihr schöpferisches Potenzial.

Oder welche Fähigkeiten liegen in Ihnen noch brach? Vielleicht liegen sie in Bereichen, in denen eine unendliche Geduld erforderlich ist, oder wo es um das Mitgefühl geht, das der Fischer mit dem Butt hatte?

Was auch immer: In diesem Märchen heißt das Thema »Demut, Geduld und Dankbarkeit«. Der Fischer ist demütig genug, den Butt nicht zu töten, und der Butt ist dankbar für sein Leben. Beide, Fischer und Butt, bringen eine fast unendliche Geduld auf, die Wünsche der Frau zu erfüllen. Was ihnen schlussendlich aber doch nicht gelingt. Ein weiteres Thema ist das »rechte Maß«, das die Frau nicht findet. Insofern gehören die vier Kardinaltugenden zu diesem Märchen. Sie heißen: Klugheit, Tapferkeit, Gerechtigkeit und Maß.

Wie passt das zu Ihrem persönlichen Lebensthema? Leiden Sie vielleicht sehr unter Ungerechtigkeiten, gehen sie klug und tapfer Ihren Lebensweg und verstehen Sie auch Maß zu halten? Sind Sie dankbar für das, was das Leben Ihnen schon geboten hat, oder haben Sie noch so viele Wünsche wie die Fischersfrau? Und laufen Sie damit vielleicht Gefahr, alles wieder zu verlieren?

Möglicherweise haben Sie sich als Kind hilflos den Wünschen der Erwachsenen ausgeliefert gefühlt und freuen sich jetzt bei diesem Märchen, dass die Fischersfrau zum Schluss alles verliert – eine kleine späte Rache, die sehr verständlich wäre.

Wie bewältigen Sie die hier angesprochenen Themen in Ihrem Leben? Kann es sein, dass Ihnen in der Kindheit erschreckend bewusst wurde, dass das Leben schwierig ist, dass es viel von Ihnen verlangt, dem sich das kleine Mädchen/der kleine Junge nicht gewachsen fühlte? Und welche Konsequenz haben Sie daraus gezogen, bzw. welche Entscheidung haben Sie daraufhin getroffen? »Ich werde einmal …« – wie geht der Satz für Sie weiter?

Wenn Sie diesen zentralen Satz Ihres Lebensdrehbuchs gefunden haben, auch auf Grund der drei Geschichten, die Sie als Zusammenfassungen schrieben, dann schauen Sie jetzt einmal, ob Sie ihm bisher gefolgt sind und ob Sie ihm weiterhin folgen wollen.

Die so genannte »Skriptentscheidung« ist für das Kind eine optimale Möglichkeit für seine Lebensbewältigung. Es fasst den Entschluss ja aus den Gegebenheiten, die es in der Familie, in die es hinein geboren wurde, vorfindet und die es bis zu diesem Zeitpunkt gut genug kennen gelernt hat, um abschätzen zu können, auf welche Art und Weise es größtmögliche Bestätigung und Zuwendung erhält. Darauf ist jedes Kind in höchstem Maße angewiesen. Wir Erwachsenen brauchen sie auch heute noch, doch in der Kindheit sind Bestätigung und Zuwendung lebensnotwendig.

Insofern ist jede Skriptentscheidung eine kreative, bestmögliche Lösung für das Kind in dem Leben, wie es sich ihm stellt. Erst später merken die Erwachsenen dann oft, dass diese Grundsätze, die sich das Kind damals gegeben hat, heute nicht mehr passen, dass sie das Leben einengen, dass sie eher ein Gefängnis sind, als einen weiten Spielraum für die vielfältigen Lebensmöglichkeiten zu lassen.

Das Bekannte bietet ja Sicherheit, während das Unbekannte erst einmal Angst machen kann. Aus diesem Grund halten Menschen manchmal doch lieber an den alten Mustern fest, als sich für neue Erfahrungen zu öffnen.

In diesem Märchen erleben wir, dass es gar nicht so einfach ist, ein tugendhaftes Leben zu führen. Denn wenn nur eine dieser vier Grundtugenden vernachlässigt wird – hier ist es überwiegend die Tapferkeit, die nötig ist, um Grenzen zu setzen und Maß zu halten –, werden auch die anderen Tugenden in Frage gestellt.

Vielleicht ist Ihnen das ja ein Anliegen: stark zu werden, um Zivilcourage zeigen zu können, dem Unrecht der Maßlosigkeit die Stirn zu bieten.

Dann ist es natürlich sehr wichtig, ein gesundes Selbstvertrauen zu entwickeln, d. h. realistisch abschätzen zu können, wo Widerstand angebracht ist oder wo es auch um Nachsicht geht. Die Gegensätze gehören in unserer dual aufgebauten Welt ja zusammen. Deshalb gehört das rechte Maß, die »goldene Mitte« ja zu den Grundtugenden.

Und es gibt noch einen ganz wichtigen Punkt anzusprechen: Eric Berne warnte immer wieder davor, einem inneren, unbewussten »Dämon« anheim zu fallen, der alles, was man sich so schön aufgebaut hat, wieder zunichte machen könnte. Gerade in diesem Märchen ist darauf hinzuweisen, denn am Ende verliert die Frau alles, was sie sich gewünscht hatte. Leider kann man in vielen Schicksalen diese Tendenz finden: Jemand baut sich etwas Schönes im Leben auf, verpasst dann aber den Moment, wann er aufhören muss mit seinen weiteren Forderungen an das Schicksal und auch an sich selbst. Aus lauter mehr, mehr und nochmals mehr kann sich ein Mensch in einen Herzinfarkt hinein wünschen oder eine andere Krankheit stoppt ihn und zerbricht jäh die Leiter seiner Wünsche, auf der er noch weiter nach oben klettern wollte.

Die Maßlosigkeit der Frau, die Feigheit des Mannes und das gleichgültige Verhalten des Butts werden dem Fischer und seiner Frau am Schluss zum Verhängnis. Diese Gefahr besteht natürlich in jedem Leben, denn zwei starke Kräfte bestimmen den Menschen: die in das Leben hinein drängende und die das Leben wieder verlassen wollende. Sigmund Freud nannte sie »Lebenstrieb«, »Libido« und »Todestrieb«, »Destrudo«. Mit beiden Kräften sollten wir bewusst umgehen, denn alles, was unbewusst verläuft, entzieht sich unserer Kontrolle und Steuerung.

Leider handeln viele Menschen destruktiv, weil sie sich selbst nicht mögen. Die Ilsebill mag sich selbst nicht, sonst wäre sie nicht ständig unzufrieden und fordernd. Der Fischer, der sich nicht traut seiner Frau Widerstand zu bieten, kann sich in seiner Schwäche auch nicht mögen, und ob der Butt ganz glücklich mit sich selbst ist, bezweifle ich.

Im alten Griechenland verstand man unter dem »Daimon« eine inspirierende Kraft – über die der Butt verfügt, indem er immer größere Häuser erschafft. Wenn wir in diesem Wort aber den »Dämon« sehen, dann bedeutet es zwar die gleiche Kraft, doch hier in ihrer zerstörerischen Art – auch der Butt ist maßlos im Erfüllen von Wünschen.

Anders gesagt: Die größte Stärke, die wir haben, kann zur größten Schwäche werden und wenn wir meinen, irgendwo eine Schwäche zu spüren, kann insgeheim gerade in ihr eine große Stärke liegen. Das heißt, uns stehen verschiedene Kräfte zur Verfügung, doch müssen wir darauf achten, wie und in welcher Art und Weise wir sie für uns in Anspruch nehmen, damit sie uns dienen. Wir können mit diesen Energien etwas Gutes für uns und andere tun, wir können darauf achten, dass sie unser Leben bereichern und nicht schmälern. So werden wir mit ihrer Hilfe letztendlich ein »Gewinner«. Für das eigene Leben heißt gewinnen: sich ganz individuell, ganz einzigartig, als die und der sie und er gemeint ist, zu entwickeln, alles was an Begabungen angelegt ist, heraus zu holen, zu fördern und schließlich mit sich selbst und der Welt in Einklang und Frieden zu sein. Wie schade, dass die Ilsebill dies nicht konnte und zufrieden in einem schönen Haus ihr Leben genoss.

Um dies zu erreichen, lohnt es sich bestimmt, das Thema und das »Drehbuch« des eigenen Lebens kennen zu lernen, sich also dazu die Geschichten anzuschauen, die uns auf unserem bisherigen Lebensweg begleitet haben.

Ich wünsche Ihnen für diese spannende Suche viel Neugierde und viel Freude.

Vorwort

Wie es manchmal so geht: Eigentlich hatte ich gar nicht vor, dieses Buch zu schreiben. Ich hatte ganz andere Themen im Kopf. Doch der Fischer und seine Frau wollten offenbar von mir interpretiert werden. Denn sie stellten es so an, dass ich ihnen von einem bestimmten Zeitpunkt ab immer wieder begegnete. Da lud mich eine Kollegin völlig überraschend zu einem Puppenspiel ein, bei dem ein Ehepaar aus Berlin das Märchen »Vom Fischer und seiner Frau« aufführte. Danach fiel mir ein, dass ich vor langer Zeit eine kurze Deutung dieser Geschichte von einer amerikanischen Gestalttherapeutin gelesen hatte, die ich aber ganz unzureichend fand. Von diesem Zeitpunkt ab stieß ich bei Paaren in der Therapie und in unserem Bekanntenkreis immer wieder auf Muster, die mich frappierend an Ilsebill und ihren Mann erinnerten. Allmählich kristallisierte sich so die Grundidee meiner Auslegung heraus, und ich musste mich einfach hinsetzen und schreiben – quer zu meinem Zeitplan und quer zu meinen sonstigen Vorhaben und Vereinbarungen.

Bei dem, was herausgekommen ist, hat meine Frau Margarete Kohaus-Jellouschek kräftig mitgewirkt, weil ich mit ihr das Märchen in einem gemeinsamen Skiurlaub immer wieder eingehend diskutiert habe. Dafür danke ich ihr herzlich. Außerdem gilt mein Dank der Lektorin, Frau Hildegunde Wöller, die mir in bewährter Weise mit ihren Kommentaren für die endgültige Ausarbeitung sehr wertvolle Anregungen gab.

Ammerbuch, September 1995 *Hans Jellouschek*

Vom Fischer und seiner Frau

Ein Märchen der Brüder Grimm

Es war einmal ein Fischer und seine Frau, die wohnten zusammen in einem Pisspott nahe an der See. Der Fischer ging jeden Tag hin und angelte; er angelte und angelte.

So saß er eines Tages wieder einmal bei der Angel und schaute immer in das klare Wasser hinein; und er saß und saß. Auf einmal wurde die Angel auf den Grund gezogen, tief hinunter, und als der Fischer sie heraufholte, hing ein großer Butt daran. Da sagte der zu ihm: »Lieber Fischer, ich bitt dich, lass mich leben! Ich bin kein richtiger Butt, ich bin ein verwunschener Prinz. Was hilft dir das, wenn du mich totmachst? Ich würde dir doch nicht recht schmecken. Wirf mich wieder ins Wasser und lass mich schwimmen.« – »Nu«, sagte der Fischer, »du brauchst nicht so viele Worte machen. Einen Butt, der sprechen kann, hätt ich doch wohl schwimmen lassen.« Damit setzte er den Butt wieder in das klare Wasser, der ging auf den Grund und ließ einen langen Streifen Blut hinter sich. Der Fischer stand auf und ging nach Hause zu seiner Frau.

»Mann«, sagte die Frau, »hast du heute nichts gefangen?« – »Nein«, sagte der Fischer, »ich habe einen Butt gefangen. Der sagte aber er sei ein verwunschener Prinz, da hab ich ihn wieder schwimmen lassen.« – »Hast du dir denn nichts gewünscht?« fragte die Frau. »Nein«, sagte der Mann, »was sollte ich mir wünschen?« – »Ach«, rief die Frau, »das ist doch schlimm, wenn wir hier immer in dem alten Pisspott wohnen müssen. Da stinkt es, und es ist

so eklig. Du hättest uns doch ein hübsches Häuschen wünschen können. Geh noch einmal an die See, rufe den Butt und sag ihm, wir wollen ein kleines Häuschen haben. Der tut das bestimmt.« – »Ach«, sagte der Mann, »was soll ich da noch hingehen?« – »Ei«, sagte die Frau, »du hast ihn doch gefangen und hast ihn wieder schwimmen lassen, der tut das bestimmt. Geh gleich hin!«

Der Mann wollte immer noch nicht. Weil es aber seine Frau durchaus wollte, ging er schließlich doch. Als er an die See kam, war das Wasser grün und gelb und gar nicht mehr so klar. Er ging hin und sagte:

»Manntje, Manntje, Timpe Te,
Buttje, Buttje in der See,
meine Frau, die Ilsebill,
will nicht so, wie ich wohl will.»

Da kam der Butt angeschwommen und sagte: »Na, was will sie denn?« – » Ach«, sagte der Mann, »ich habe dich doch gefangen und wieder freigelassen, und nun sagt meine Frau, ich hätte mir etwas wünschen sollen. Sie mag nicht mehr in dem Pisspott wohnen, sie möchte gern ein kleines Häuschen.« – »Geh nur hin«, sagte der Butt, »sie hat es schon.«

Der Fischer ging nach Hause. Da stand nicht mehr der alte Pott, sondern ein kleines Häuschen und auf einer Bank vor der Tür saß seine Frau. Sie nahm ihn bei der Hand und sagte zu ihm: »Komm nur herein und schau! So ist das doch viel besser!« Da gingen sie hinein, und im Häuschen war ein kleiner Vorplatz und eine hübsche kleine Stube und eine Kammer wo jedem sein Bett stand, und eine Küche mit Speisekammer und alles auf das beste eingerichtet, mit Zinnzeug und Messing, wie sich das gehört. Hinter dem Haus war ein Hof mit Hühnern und Enten und ein kleiner Garten mit Obstbäumen und Gemüse.

»Na«, sagte die Frau, »ist das nicht nett?« – »Ja«, sagte der Mann, »so soll es bleiben. Nun wollen wir recht vergnügt leben.« – » Das wollen wir uns überlegen«, antwortete die Frau.

Dann aßen sie und gingen zu Bett.

So gingen wohl acht oder vierzehn Tage vorüber, da sagte die Frau: »Hör Mann, das Häuschen ist auch gar zu eng und Hof und Garten doch zu klein. Der Butt hätte uns wohl auch ein größeres Haus schenken können. Ich möchte in einem großen steinernen Schloss wohnen. Geh zum Butt, er soll uns ein Schloss schenken.« – »Ach, Frau«, sagte der Mann, »das Häuschen ist doch gut genug. Wozu brauchen wir ein Schloss?« – »Ach was«, sagte die Frau, »geh nur hin, der Butt wird das schon tun.« – »Nein, Frau«, sagte der Mann, »der Butt hat uns eben erst das schöne Häuschen gegeben. Ich mag nicht schon wieder kommen. Das könnte den Butt verdrießen.« – »Geh nur«, sagte die Frau, »der Butt kann das schon und wird es gerne tun. Geh!«

Dem Mann wurde das Herz ganz schwer, und er wollte nicht; er sagte zu sich selbst: »Das ist nicht recht!«, ging aber doch.

Als er an die See kam, war das Wasser ganz violett und grau und dick und dunkelblau und nicht mehr grün und gelb. Da ging er hin und sagte:

»Manntje, Manntje, Timpe Te,
Buttje, Buttje in der See,
meine Frau, die Ilsebill,
will nicht so, wie ich wohl will. »

»Na, was will sie denn?« fragte der Butt. »Ach«, sagte der Mann bedrückt, »sie will in einem großen steinernen Schloss wohnen.« – »Geh nur hin«, sagte der Butt, »sie steht schon vor der Tür.«

Da ging der Mann heim. Als er aber zu Hause ankam, stand da ein großer steinerner Palast. Seine Frau stand auf der Treppe und wollte eben hineingehen, da nahm sie ihn bei der Hand und sagte: »Komm nur herein.« und so ging er mit ihr hinein. In dem Schloss war eine große Diele aus Marmor. Und viele Diener waren da und rissen die großen Türen auf. Die Wände waren mit schönen Tapeten bespannt, in den Zimmern standen lauter goldene Stühle und Tische. Von der Decke hingen kristallene Kronleuchter, und in allen Räumen lagen Teppiche. Und so viele Speisen und der allerbeste Wein stand auf dem Tisch, dass der fast zusammenbrach. Hinter dem Schloss war ein großer Hof mit Pferde- und Kuhställen und den besten Kutschen. In einem wunderschönen Garten blühten die prächtigsten Blumen und standen die feinsten Obstbäume, und dahinter lag ein großer Park, wohl eine halbe Meile lang. Da gab es Hirsche, Rehe und Hasen und alles, was man sich nur wünschen kann.

»Na«, sagte die Frau, »ist das nicht schön?« – »Ach ja«, sagte der Mann, »so soll es auch bleiben. Jetzt wollen wir in diesem schönen Schloss wohnen und zufrieden sein.« – »Das wollen wir uns überlegen«, sagte die Frau. »Wir wollen es mal überschlafen.« Darauf gingen sie zu Bett.

Am anderen Morgen wachte die Frau zuerst auf und sah von ihrem Bett aus das herrliche Land vor sich liegen. Da stieß sie ihren Mann mit den Ellbogen in die Seite und sagte: » Mann, steh auf und guck einmal aus dem Fenster! Sag, können wir nicht König werden über das ganze Land? Geh hin zum Butt und sag, wir wollen König sein.« – »Ach, Frau«, sagte der Mann, »was wollen wir König sein? Das mag ich ihm nicht sagen.« – »Warum nicht?« fragte die Frau. »Geh schnell hin. Ich muss König sein!« Da ging der Mann und war ganz betrübt, dass seine Frau König werden wollte. »Das ist nicht recht, das ist nicht recht«, dachte der Mann. Er wollte nicht gehen, ging aber doch.

Als er an die See kam, war sie grauschwarz, das Wasser brodelte von unten herauf und stank ganz faul. Er ging hin und sagte:

»Manntje, Manntje, Timpe Te,
Buttje, Buttje in der See,
meine Frau, die Ilsebill,
will nicht so, wie ich wohl will.«

»Na, was will sie denn?« fragte der Butt. »Ach«, sagte der Mann, »sie will König werden.« –«Geh nur hin, sie ist es schon«, sagte der Butt.

Da ging der Mann zurück, und als er zu dem Schloss kam, war es noch größer und prächtiger geworden und hatte einen großen Turm. Vor dem Tor stand eine Schildwache, und viele Soldaten waren da mit Pauken und Trompeten. Als der Mann in den Palast eintrat, war alles aus Marmor und purem Gold. Da gingen die Türen zum Saal auf, in dem der ganze Hofstaat versammelt war. Seine Frau saß auf einem hohen Thron aus Gold und Diamanten und hatte eine große goldene Krone auf und ein Zepter aus Gold und Edelsteinen in der Hand. Zu beiden Seiten standen in einer Reihe sechs Jungfrauen, eine immer einen Kopf kleiner als die andere.

Der Mann sagte: »Ach, Frau, bist du nun König?« – »Ja«, sagte die Frau, »nun bin ich König.« Da stand er auf und sah sie an, und als er sie eine Weile so angesehen hatte, sagte er: »Ach, Frau, wie ist das schön, dass du König bist! Nun wollen wir uns aber nichts mehr wünschen.« – »Nein, Mann«, sagte die Frau und war ganz ungeduldig, »mir ist es schon langweilig. Ich kann das nicht mehr aushalten. Geh zum Butt. König bin ich, nun muss ich auch Kaiser werden!« – »Ach, Frau«, sagte der Mann, »was willst du Kaiser werden?« – »Mann«, sagte sie, »geh zum Butt, ich will Kaiser sein.« – »Ach, Frau«, sagte der Mann, »Kaiser kann er nicht machen. Ich mag ihm das nicht sagen; Kaiser gibt's nur einen im Reich. Das kann er nicht und kann er nicht.« – »Was?« sagte die Frau, »ich bin König, und du bist nur mein Mann. Sofort gehst du hin! Kann er Könige machen, kann er auch Kaiser machen. Ich will Kaiser sein! Gleich gehst du hin!«

Da musste der Mann gehen, aber es wurde ihm angst und bange dabei. Während er so ging, dachte er bei sich: »Das geht nicht gut! Das geht nicht gut! Kaiser ist zu unverschämt, der Butt wird böse werden!«

Als er an die See kam, war sie ganz schwarz und dick und fing an, von unten herauf ganz gewaltig zu schäumen. Ein Wirbelwind ging darüber hin, so dass sich alles drehte. Den Mann packte das Grauen. Dann ging er hin und sagte:

»Manntje, Manntje, Timpe Te,
Buttje, Buttje in der See,
meine Frau, die Ilsebill,
will nicht so, wie ich wohl will.«

»Na, was will sie denn?« fragte der Butt.

»Ach, Butt«, sagte der Fischer, »meine Frau will Kaiser werden.« – »Geh nur hin«, sagte der Butt, »sie ist es schon.«

Da ging der Mann zurück, und als er ankam, war der ganze Palast aus Marmor und mit Figuren aus Alabaster und goldenem Zierat geschmückt. Vor dem Tor marschierten Soldaten und bliesen Trompeten und schlugen Pauken und Trommeln. Im Schlosse aber gingen Barone, Grafen und Herzöge herum, als wären sie Diener. Sie machten ihm die Türen auf, die aus purem Gold waren.

Als er eintrat, saß seine Frau auf einem meilenhohen Thron, der war aus einem Stück Gold. Sie hatte eine große goldene Krone auf die mit Brillanten und Edelsteinen besetzt war. In der einen Hand hatte sie ein Zepter, in der anderen den Reichsapfel. Zu beiden Seiten standen in einer Reihe die Trabanten, einer immer kleiner als der andere, vom allergrößten Riesen – er war zwei Meilen hoch – bis zum allerkleinsten Zwerg, der war gerade so groß wie mein kleiner Finger.

Der Mann ging schüchtern vor den Thron und sagte: »Frau, bist du jetzt Kaiser?« – »Ja«, sagte sie, »ich bin Kaiser.« Da ging er näher hin und besah sie sich so recht. Als er sie eine Weile angesehen hatte, sagte er: »Ach, Frau, wie ist es schön, dass du Kaiser bist!« – »Mann«, sagte sie, »was stehst du da? Ich bin ja nun Kaiser, jetzt will ich aber auch Papst werden! Geh hin zum Butt!« – »Ach, Frau«, sagte der Mann, »was willst du nicht noch alles werden! Papst kannst du nicht werden, Papst gibt es nur einen in der Christenheit. Das kann der Butt nicht machen!« – »Mann«, sagte sie, »ich will Papst werden! Geh gleich hin, heute noch muss ich Papst werden!« – »Nein, Frau«, sagte der Mann, »das mag ich ihm nicht sagen, das geht nicht gut aus, das ist zu viel verlangt. Zum Papst kann dich der Butt nicht machen.« – »So ein Blödsinn, Mann!« sagte die Frau. »Kann er Kaiser machen, so kann er auch Päpste machen. Geh schnell, ich bin der Kaiser und du bist nur mein Mann, willst du wohl gehen!«

Da wurde dem Mann bange, und er ging los. Er zitterte und betete, und die Knie und die Waden schlotterten ihm. Da erhob sich ein Wind, die Wolken flogen, und es wurde so düster, als wäre es Abend. Die Blätter wirbelten von den Bäumen, das Wasser ging hoch und brauste, als kochte es und platschte an das Ufer. In der Ferne sah er Schiffe, die gaben Notschüsse ab und tanzten und sprangen auf den Wellen.

Nur der Himmel war in der Mitte noch ein bisschen blau, aber an den Seiten da zog es herauf wie ein schweres Gewitter. Da ging er hin ganz verzagt und sagte:

»Manntje, Manntje, Timpe Te,
Buttje, Buttje in der See,
meine Frau, die Ilsebill,
will nicht so, wie ich wohl will.«

»Na, was will sie denn?« fragte der Butt. »Ach«, sagte der Mann, »sie will Papst werden.« – »Geh nur hin, sie ist es schon«, sagte der Butt.

Da ging der Mann, und als er zu Hause ankam, war da eine große Kirche, von lauter Palästen umgeben. Er drängte sich durchs Volk. Drinnen war alles mit tausend und abertausend Lichtern erleuchtet, und seine Frau saß, ganz in Gold gekleidet, auf einem noch viel höheren Thron und hatte drei große goldene Kronen auf und um sie herum hatte es viel geistlichen Staat. Zu beiden Seiten des Thrones standen zwei Reihen von Lichtern, das größte so dick und groß wie der allergrößte Turm, bis zum allerkleinsten Küchenlicht. Kaiser und Könige lagen vor ihr auf den Knien und küssten ihr den Pantoffel.

»Frau«, sagte der Mann und sah sie so recht an, »bist du jetzt Papst?« – »Ja«, sagte sie, »ich bin der Papst.« Es war, als sähe er in die helle Sonne. Als er seine Frau eine Weile angesehen hatte, sagte er: »Frau, wie ist des schön, dass du jetzt Papst bist!« Sie aber saß ganz steif wie ein Baum und rührte und regte sich nicht. Da sagte er: »Frau, nun sei zufrieden. jetzt wo du Papst bist, kannst du doch nichts mehr werden.« – »Das will ich mir noch überlegen«, sagte die Frau. Dann gingen sie beide zu Bett.

Aber die Frau war noch immer nicht zufrieden, die Gier ließ sie nicht schlafen. Sie dachte darüber nach, was sie noch werden könnte. Der Mann schlief gut und fest, er hatte den Tag viel laufen müssen. Die Frau aber konnte nicht einschlafen und warf sich die ganze Nacht von einer Seite auf die andere. Immer dachte sie darüber nach, was sie wohl noch werden könnte. Es fiel ihr aber nichts ein.

Als endlich die Sonne aufging und sie das Morgenrot sah, richtete die Frau sich im Bett auf und sah hinaus. »Ha«, dachte sie, »kann ich nicht die Sonne und den Mond aufgehen lassen?«

»Mann«, sagte sie und stieß ihn mit den Ellbogen in die Rippen, »wach auf! Geh zum Butt und sag ihm, ich will werden wie der liebe Gott!« Der Mann war noch ganz verschlafen, aber er erschrak so, dass er aus dem Bett fiel. Er meinte, er hätte sich verhört, rieb sich die Augen und fragte: »Was sagst du?« – »Mann«, sagte sie, »wenn ich nicht die Sonne und den Mond aufgehen lassen kann, halt ich das nicht mehr aus, und ich hab keine ruhige Stunde mehr.« Dabei sah sie ihn so böse an, dass ihn ein Schauder überkam. »Geh schnell, ich will werden wie der liebe Gott!« – »Ach, Frau«, sagte der Mann und fiel vor ihr auf die Knie, »das kann der Butt nicht. Kaiser und Papst kann er machen, ich bitte dich, geh in dich und bleib Papst!« Da geriet die Frau in Wut. Die Haare flogen ihr wild um den Kopf, sie riss sich das Mieder auf, trat ihn mit dem Fuß und schrie: »Ich halte das nicht aus! Willst du sofort hingehen?!« Da zog er seine Hosen an und lief wie von Sinnen fort.

Draußen aber ging ein Sturm und brauste, dass der Mann kaum auf den Füßen stehen konnte. Häuser und Bäume wurden umgelegt, die Berge bebten, und Felsstücke rollten in die See. Der Himmel war pechschwarz, und es donnerte und blitzte. Die See ging in schwarzen Wogen, hoch wie Kirchtürme und Berge, und oben hatten sie eine weiße Schaumkrone. Da schrie er und er konnte sein eigenes Wort nicht hören:

»Manntje, Manntje, Timpe Te,
Buttje, Buttje in der See,
meine Frau, die Ilsebill,
will nicht so, wie ich wohl will.«

»Na, was will sie denn?« fragte der Butt. »Ach«, sagte der Mann, »sie will werden wie der liebe Gott!« – » Geh nur, sie sitzt schon wieder in dem alten Pisspott.«

*Und da sitzen sie noch bis auf den heutigen Tag.**

* Das Märchen findet sich in der Sammlung der Brüder Grimm auf plattdeutsch, die hier abgedruckte Übersetzung ist – mit kleinen Abänderungen durch den Verfasser – entnommen aus: Strich, Christian (Hg.), Das große Märchenbuch, Die schönsten Märchen aus ganz Europa. Diogenes Verlag AG, Zürich 1987, Seite 382–391

1. Eine spannende Geschichte

Wenn Sie das Märchen »Von dem Fischer un syner Fru«, wie es bei den Brüdern Grimm auf Plattdeutsch heißt, gerade gelesen haben, dann vermute ich, dass Sie die zahlreichen Wiederholungen überflogen haben, um besser voranzukommen. Leider haben Sie sich damit um einen besonderen Genuss gebracht. Ich möchte Sie darum einladen, nochmals von vorne zu beginnen. Am besten lesen Sie die Geschichte jemandem vor oder lassen sie sich vorlesen – mit allen Wiederholungen von vorne bis hinten. Gerade wenn Sie sich nämlich dazu die Zeit nehmen, beginnen Sie die ungeheure Spannung zu spüren, die darin liegt und sich steigert bis zum plötzlichen, steil abfallenden Ende. Ich möchte Sie auf einige Elemente hinweisen, die diesen Spannungsbogen ausmachen, um Ihnen zur Lese-Wiederholung Lust zu machen, bevor Sie sich der psychologischen Ausdeutung widmen.

Von der äußeren Form her fällt zunächst auf, dass die Begegnung des Fischers mit dem Butt immer gleichlautend geschildert ist. Der Fischer ruft seine Beschwörungsformel, deren magisch klingende Wortbildungen wohl keinen tieferen Sinn haben als dem Reim zu dienen, dann erscheint der geheimnisvolle Fisch, fragt nach dem Wunsch von Ilsebill und sagt dessen Erfüllung zu. Diese kurze Passage wird sechsmal wörtlich wiederholt, fast wie die Antiphon eines liturgischen Wechselgesangs. Dazwischen entwickelt sich die Handlung, und jede Episode stellt gegenüber der vorausgehenden eine Steigerung dar. Dadurch wird die immer gleichbleibende Monotonie der Auftritte des Fisches immer unheimlicher, bis das jähe Ende die Spannung löst.

Zunächst scheint die Zeit ja stillzustehen: Die Eheleute bewohnen einen miesen Unterschlupf, einen »Pisspott«, am Meer. Ein Tag gleicht dem anderen. Der Fischer wirkt noch unscheinbarer als seine Frau Ilsebill (plattdeutsche Form von Isabella), denn er hat nicht einmal einen eigenen Namen. Er geht angeln, »und er angelt und angelt«, er sitzt da, schaut auf das blanke Wasser, »und sitzt und sitzt«. Nichts tut sich im Leben der beiden Protagonisten. Da taucht der geheimnisvolle Dritte, der verwunschene Prinz in Gestalt des Fisches auf, und jetzt, nachdem der Fischer ihm begegnet ist, scheint sich die Zeit in Bewegung zu setzen. Die Wünsche von Ilsebill sind der Motor. Sie werden immer größer und drängender. Wohl geht der Fischer dagegen an, jedem ihrer Wünsche setzt er jeweils mehr Worte entgegen. Auch die Natur warnt mit immer bedrohlicheren Zeichen vor einem herannahenden Unglück. Zuerst verfärbt sich die See lediglich von blau nach grün und violett und grau, aber dann wird sie immer unruhiger, verfärbt sich zu grauschwarz und brodelt, das Wetter wird immer schlechter und das Meer schäumt, bis schließlich, nach der letzten Wunsch-Äußerung, ein verheerender apokalyptischer Sturm Häuser und Bäume umlegt und die Berge erbeben lässt.

Aber diese Gegenbewegungen – des Fischers wachsender Widerstand und die immer bedrohlicheren Zeichen der Natur – bewirken nichts, außer dass sie die Spannung des Lesers oder Hörers steigern. Ilsebills »Gier« besteht nur noch dringender auf der Erfüllung ihrer Wünsche. Und obwohl sich diese immer spektakulärer ausnehmen, obwohl Macht, Reichtum und Prunk immer gigantischer werden, ja sich ins Groteske steigern, verlangsamt sie ihr Tempo keineswegs, im Gegenteil. Zwischen der Erfüllung des Wunsches nach dem schönen kleinen Häuschen und dem Wunsch nach dem Schloss liegen immerhin noch zwei Wochen. Der Wunsch, König zu werden, reift bereits in einer Nacht, Kaiser will sie unmittelbar nach der vorausgehenden Wunscherfüllung werden, und das Verlangen nach dem Papsttum ergreift sie so schnell, dass der Fischer nicht einmal mehr dazu kommt, seine bisher immer geäußerte Aufforderung zur Zufriedenheit zu wiederholen.

Lediglich vor dem Wunsch, zu sein wie Gott, gibt es wieder eine Nacht als Zwischenpause – eine letzte, wohl kalkulierte Verzögerung im Tempo kurz vor dem um so rasanteren Schluss, da die Strafe für die Hybris Ilsebills wie ein Blitz herniederfährt und die Geschichte in einer dramatischen Peripetie zu ihrem Ende bringt, einem Ende, das dem Anfang gleicht, an dem die Eheleute wieder in ihrem elenden »Pisspott« sitzen und die Zeit im ewigen Einerlei ihres armseligen Alltags wieder zum Stillstand kommt.

Eine Geschichte – fast wie der berühmte Bolero von Maurice Ravel: langsam und träge hebt sie an. In ständigen und fast endlos erscheinenden Wiederholungen steigert sie sich ganz allmählich mit kleinen Veränderungen in immer rascherem Tempo einem unaufhaltsamen Ende entgegen und bricht schließlich in einem einzigen jähen Schlussakkord in sich zusammen. Wollen Sie es sich also gönnen und sie nochmals von vorne lesen?

2. Die unersättliche Frau und der gutmütige Mann

Wenn Sie als Hörer oder Leser nach diesem Schlussakkord nun langsam wieder zu Atem gekommen sind, beginnen Sie wahrscheinlich über die Botschaft des Märchens nachzudenken. Sie scheint überdeutlich vernehmbar zu sein: Hochmut kommt vor dem Fall. Und der Hochmut beginnt da, wo du dich nicht mit dem zufrieden gibst, was das Schicksal dir zugedacht hat. Da, wo du darüber hinauswillst, beginnt das Unglück, denn wenn du einmal einen Schritt über deine Grenzen hinaus getan hast, gibt es kein Halten mehr. Die Hybris und der Sturz Luzifers, der sein wollte wie Gott, sind dann das Ende. Unschwer lässt sich in dieser »Moral« das Weltbild der vorindustriellen Zeit erkennen: Wo einer hineingeboren wird, da gehört er hin, dort hat er seinen Platz, der ihm von Gott zugedacht wurde. So ist die gottgewollte Ordnung. Dagegen zu rebellieren, ist Auflehnung gegen Gott und wird wie bei Luzifer mit dem Höllensturz bestraft.

Was machen wir nun mit dieser Aussage? Wenn die Geschichte uns nicht mehr zu sagen hätte, könnten wir sie nach dem Lesevergnügen getrost wieder weglegen. Denn wenn wir heute auch mit Recht dem Wahn der totalen Machbarkeit, dem ungehemmten Fortschritt und der Gier nach immer mehr skeptisch gegenüber stehen und immer kritischer werden, halten wir doch ein derart statisches Weltbild und die daraus abgeleiteten moralischen Konsequenzen für endgültig überholt. Ist die Faszination der Geschichte also lediglich auf ihre raffinierte Machart zurückzuführen, während ihr Inhalt als veraltete Ideologie gewertet werden muss?

Wenn das alles wäre, gäbe es in der Tat nur diese Reaktion. Das Märchen scheint aber genauso unmittelbar noch eine zweite Botschaft zu verkünden, die viele Menschen auch heute noch gerne hören und für bedenkenswert halten. Diese lautet: Es liegt an der Frau! Ilsebill ist an allem schuld. Sie ist unersättlich, sie kann nie genug bekommen. »Ihr Mann will eigentlich nur leben, in Ruhe, in Beschaulichkeit, im Stillstand. Seine beharrliche (!) Liebe wird für die Frau der Hebel, mit dem sie ihn immer wieder zum Fisch treibt« – so lese ich auf dem Programmzettel eines Berliner Puppentheaters als Kommentar zur Aufführung des Märchens, die ich vor einiger Zeit in Zürich miterleben konnte. So ist das also: Der Fischer ist vielleicht ein bisschen nachgiebig, aber voll »beharrlicher Liebe«! Er ist einer der vielen Männer, die es so gut mit ihren Frauen meinen, sich um sie bemühen und ihnen keinen Wunsch versagen können. Er reibt sich für sie auf, aber sie ist nie zufrieden, sie hat immer etwas auszusetzen und lässt ihm keine Ruhe – so lange, bis alles kaputt geht.

Ist dies die Sicht des Märchens? Und spiegelt sich darin nicht ein weit verbreitetes Bild wider, das sich viele jedenfalls von ganz bestimmten Frauen machen? Und ist dies nicht der Blickwinkel, aus dem viele die Beziehung der Geschlechter betrachten? Der Mann – bemüht, gutmütig, verlässlich und stolz darauf, dass er diese Frau für sich gewonnen hat – ist so voller Liebe zu ihr, dass er bereit ist, alles für sie zu tun. Doch sie, die Frau, diese »femme fatale«, nimmt seine Liebe als eine Selbstverständlichkeit, und weit davon entfernt, sie zu erwidern, nützt sie diese nur für ihre Zwecke aus. Er verausgabt sich für sie – finanziell und kräftemäßig – aber sie dankt es ihm nicht. So treibt sie ihn schließlich in den Ruin – wenn er nicht durch bittere Erfahrungen (oder Zeigefinger-Geschichten wie die unsere) rechtzeitig aufwacht und ihr zeigt, wo ihre Grenzen sind.

So ähnlich sieht das verbreitete Bild aus, das sich viele –

und nicht nur Männer, sondern auch Frauen – von Paaren machen. So wurde das Puppentheater von einem Ehepaar aufgeführt, und die Frau spielte die Rolle Ilsebills mit Hingabe. Sie identifizierte sich völlig mit dieser Interpretation! Vor allem Frauen, die ihre eigenen Ansprüche für ihre Männer zurück stellen, die ihnen dienen und den Rücken frei halten, sehen häufig in ihren weniger selbstlosen Geschlechtsgenossinnen, die eigene Ansprüche an Leben und Beruf haben, solche Ilsebills, die ihre Männer nur schamlos ausbeuten. Die Männer wiederum kommen dabei bedeutend besser weg. Sie werden bedauert und von jeder Schuld an etwaigen Konflikten freigesprochen. Deren alleinige Ursachen sind die Ilsebill-Frauen, während ihre Männer vielleicht zu nachgiebig sind, aber sonst durch und durch gut – wie der Fischer im Märchen. Vor allem religiös geprägten Frauen vergangener Generationen, die sich in ihrem Selbstverständnis am Vorbild der demütigen Magd und Mutter Maria orientierten, wie es ihnen die kirchliche Verkündigung vor Augen stellte, konnten sich in dieser Weise ereifern und sich schließlich vom wohl verdienten Schicksal Ilsebills in ihrer eigenen Lebensauffassung bestätigt fühlen.

Noch weiter scheint diese Sichtweise freilich unter den Männern verbreitet zu sein – auch heute noch. Sieht man nicht durch so manche Reden am Stammtisch, wenn Männer sich zum Beispiel über intellektuelle, ehrgeizige oder erfolgreiche Frauen unterhalten (und deren Ehepartner bedauern), das Bild der Ilsebill hindurchschimmern? Die unersättliche Frau – das scheint eine tiefsitzende Männerphantasie zu sein. Denn Frauen haben für Männer neben all ihrer Anziehung – und gerade wegen ihrer Anziehung – immer auch etwas Verschlingendes an sich. Sie könnten ihnen zum Verderben werden – wie die schöne Nixe unzähliger Sagen und Märchen, die den Mann verführt und mit sich in die Tiefe zieht. Darum muss dieser auf der Hut sein. Er darf sich nicht vorbehaltlos hingeben, er könnte sonst von ihr in den Abgrund gerissen werden. Wie der Fischer könnte er schließlich bettelarm in einem Pisspott enden.

Daraus werden sattsam bekannte und weit verbreitete Konsequenzen gezogen: Erstens dürfen Männer nicht zu viele Gefühle in Beziehungen investieren. Abstand und ein kühler Kopf sind angesagt. Und zweitens: Anders als der Fischer muss der Mann irgendwann eindeutig zeigen, wer der Herr im Haus ist. Diese männliche Überzeugung wird heute, im Zeitalter des Feminismus, nicht mehr offen so ausgesprochen. Früher war man da weniger vorsichtig. So singt zum Beispiel der edle Sarastro in Mozarts unsterblicher Zauberflöte über die Frauen: »Ein Mann muss eure Herzen leiten. Denn ohne ihn pflegt jedes Weib aus ihrem Wirkungskreis zu schreiten« – also – um es weniger vornehm auszudrücken – »auszubüchsen«. Der Sache nach ist diese Auffassung aber keineswegs so überholt, wie sie klingt. Bei vielen Männern ist sie lebendig und verbreitet in allen Variationen, bis hin zu der primitiven, aber aus derselben Geisteshaltung geborenen Version, dass unzufriedene Frauen mal ordentlich »durchgevögelt« gehörten, dann würden sie schon wieder ruhiger. Sogar in der Psycho-Szene stoßen wir neuerdings wieder auf diese Einstellung. Als Gegenreaktion auf die Frauenbewegung ist es heute modern geworden, den »Softie« endgültig zu verabschieden und wieder »den Boss« herauszukehren, wie wir gerade in den letzten Jahren aus Illustrierten-Berichten über die amerikanische Männerbewegung erfahren konnten.

Wie nötig und richtig das zu sein scheint, das erläutert das Märchen in unüberbietbarer Drastik. Setzt der Mann seiner Frau nicht rechtzeitig Grenzen, entpuppt sie am Ende ihr wahres Wesen. Nachdem Ilsebill ungestraft sogar Papst geworden ist und der Fischer nun alle Kräfte aufbietet, um sich ihren weiteren Wünschen zu widersetzen, heißt es in der Schilderung: »Da geriet die Frau in Wut. Die Haare flogen ihr wild um den Kopf, sie riss sich das Mieder auf, trat ihn mit dem Fuß und schrie.« Kein Zweifel, nun zeigt die Frau ihr wahres Gesicht: Sie ist eine Hexe. Und was ist eine Hexe anderes als eine Ausgeburt Satans? Als solche entlarvt sie sich selbst in ihrem letzten Wunsch: Gleich Luzifer will sie sein wie Gott!

Will das Märchen also auf die vom Weibe ausgehende Gefahr aufmerksam machen und die Männer ermahnen, zeitig nach dem Rechten zu sehen, damit es nicht so weit kommen kann? Ist das die Quintessenz? Ich glaube durchaus, dass der Autor genau diese Botschaft verkünden wollte. Es würde sehr gut zur Einschätzung der Frau passen, wie sie in vergangenen Jahrhunderten im christlichen Abendland üblich war. Und was er sagt, wäre gar nicht so überholt. Er täte es dann zwar mit der Sprache und den Bildern einer vergangenen Zeit, aber er träfe damit durchaus Ängste, Anliegen und Überzeugungen, die unter heutigen Mitmenschen, Frauen wie Männern, weit verbreitet sind.

Was aber geschieht, wenn man das Märchen, so wie ich es hier versuche, auf dem Hintergrund heutigen Wissens über die Psychologie menschlicher Beziehungen, speziell von Paarbeziehungen, liest? Dann beginnt – so habe ich es beim Schreiben selber eindrücklich erlebt – alles anders zu werden. Die Fakten bleiben zwar die gleichen, aber dahinter werden plötzlich Zusammenhänge sichtbar, die das charakterisierte Klischeebild von Ilsebill und ihrem Ehemann durcheinanderbringen. Folgen wir dieser Spur, fangen wir an, in ganz andere Richtungen zu denken und ganz andere Schlussfolgerungen zu ziehen. Zu dieser Entdeckungsreise lade ich Sie, liebe Leserin, lieber Leser, auf den folgenden Seiten ein.

3. Der unheimliche Dritte

Es war einmal ein Fischer und seine Frau, die wohnten zusammen in einem Pisspott nahe an der See. Der Fischer ging jeden Tag hin und angelte; er angelte und angelte.

So saß er eines Tages wieder einmal bei der Angel und schaute immer in das klare Wasser hinein; und er saß und saß. Auf einmal wurde die Angel auf den Grund gezogen, tief hinunter, und als der Fischer sie heraufholte, hing ein großer Butt daran. Da sagte der zu ihm: »Lieber Fischer, ich bitt dich, lass mich leben! Ich bin kein richtiger Butt, ich bin ein verwunschener Prinz. Was hilft dir das, wenn du mich totmachst? Ich würde dir doch nicht recht schmecken. Wirf mich wieder ins Wasser und lass mich schwimmen.« – »Nu«, sagte der Fischer, »du brauchst nicht so viele Worte machen. Einen Butt, der sprechen kann, hätt ich doch wohl schwimmen lassen.« Damit setzte er den Butt wieder in das klare Wasser, der ging auf den Grund und ließ einen langen Streifen Blut hinter sich.

Wie immer wir die Schilderung der Situation des Fischer-Paares am Anfang unseres Märchens verstehen – als anspruchslose Zufriedenheit oder aber als »wunschloses Unglück« (worauf der »Pisspott« hindeuten könnte) – auf jeden Fall ist es ein stabiles, ja statisch anmutendes Leben, das uns da vor Augen geführt wird, geprägt von immer gleichen Abläufen. Jeden Tag geht der Fischer am Morgen zur See, fischt und fischt und sitzt und sitzt, und am Abend bringt er seine bescheidene Ausbeute zurück in den Pisspott. Symbolisch betrachtet ist das eine Situation, die wir von vielen Paaren auch in der heutigen Zeit recht gut kennen. Zwar sind die äußeren Umstände meist viel hektischer und vielfältiger, und die Partner leben in keinem Pisspott, sondern in einer gemütlichen Eigentumswohnung oder einem schmucken Einfamilienhaus, aber die *innere* Situation gleicht aufs Haar der des Fischers und seiner Frau. Es ist ein Leben, in dem sich nichts Neues mehr tut. Immer die gleichen Handgriffe, immer die gleichen Abläufe, ein Tag ist wie der andere. Dabei gleicht dieser Alltag auch darin der Schilderung des Märchens, dass von den beiden Partnern eher die Frau – trotz komfortabler Umgebung – wie Ilsebill oft ein vages »Pisspottgefühl« entwickelt, das aber lange Zeit verborgen bleibt, weil ihr Mann die felsenfeste Überzeugung hegt, dass alles »in bester Ordnung« sei. So geht alles seinen gewohnten Gang.

Das entspricht ja auch einem tiefen Bedürfnis von uns Menschen. Wir suchen Verlässlichkeit, Gleichförmigkeit, Sicherheit. Das gibt uns das Gefühl von Geborgenheit und Kontinuität. Was Paare am Anfang einer Beziehung zusammentreibt, ist freilich etwas ganz anderes. Es ist die Faszination aneinander, die gegenseitige Erregung und die Hoffnung auf Abenteuer und Lebensintensität. Haben sie sich dann aber zu einer Lebensgemeinschaft zusammengetan, wird ihnen die Erfüllung eines anderen, sehr gegenteiligen Bedürfnisses wichtig. An die Stelle der Faszination durch das Fremde, Andersartige tritt die Suche nach Sicherheit im Vertrauten. In der Theorie sagen wir: Menschliche Beziehungsgefüge haben immer die Tendenz zur Erreichung und Erhaltung eines stabilen Gleichgewichts. In der Praxis heißt das: Man passt sich aneinander an, spielt sich aufeinander ein, ergänzt einander und verhält sich nach den Erwartungen des anderen. So wird das Leben berechenbar und verlässlich. Die Hochs und Tiefs der Verliebtheit sind Vergangenheit, die Kurve schlägt nicht mehr so weit aus, weder nach oben noch nach unten, sie wird flacher, und das Partnerschafts-Schiff gelangt in ruhigere Gewässer. Manchmal wird es dann allerdings allzu ruhig. Ein Stillstand wie am Anfang unserer Geschichte tritt ein, ein Leben wie das des Fischers und seiner Frau beginnt.

Dieses stabile Gleichgewicht, auf das Paare sich einpendeln wie ein Mobile, das zur Ruhe kommt, bringt freilich Nachteile mit sich: Oft bleibt dabei Wichtiges auf der Strecke. Das Bedürfnis nach Erregung und Faszination ist ja nicht einfach verschwunden und will irgendwann wieder befriedigt werden. Bestimmte Seiten ungelebten Lebens melden sich zu Wort. Talente, die in den Partnern ruhen, weil sie nicht herausgefordert werden, drängen danach, zur Geltung zu kommen. Meist spürt das einer der Partner stärker als der andere. Aber er schafft es nicht, das deutlich zu machen, und das eingespielte Gleichgewicht erweist sich somit als stärker gegenüber den auf Veränderung drängenden Kräften.

Das kann sich schlagartig ändern, wenn in einer solchen Situation ein »Dritter« auftaucht und das ist nicht selten der Fall. So als hätte ihn die geheime Unzufriedenheit eines der Partner angezogen, stellt er sich ein, bleibt wie der Butt an seiner Angel hängen – und wird zum Störenfried der Zweisamkeit. Aus der Zweierbeziehung wird eine Dreierbeziehung, und das bisher eingespielte Gleichgewicht gerät völlig aus den Fugen. So stellt es auch das Märchen dar: Alle Ruh' ist hin von dem Zeitpunkt ab, da der geheimnisvolle Fisch in das Leben des Paares getreten ist. Da nützt es auch nichts, dass der Fischer sich rasch wieder von ihm distanziert, ihn ins Meer zurückgleiten lässt und nichts mit ihm zu tun haben will. Die Blutspur, die er hinterlässt, deutet an: So glatt wird man den Dritten nicht wieder los. Der Fisch ist nun ein für allemal in das Leben des Paares getreten und spielt ab diesem Zeitpunkt für die Beziehung eine zentrale Rolle.

Bei den zu sehr im Gleichgewicht erstarrten Paaren müssen wir bei diesem Dritten keineswegs sogleich an einen

Geliebten oder eine Geliebte denken. Der-die-das Dritte kann durchaus auch ein Kind sein, das geboren wird und die bisherige Zweierkonstellation durcheinanderbringt. Oder eine Freundin der Frau und genauso ein Freund des Mannes. Es kann aber auch ein neuer Job sein, den einer der Partner antritt, oder ein faszinierendes Hobby, das einer von beiden für sich entdeckt. Der-die-das »Dritte« macht aus der »Dyade« eine »Triade« und bringt so das Gleichgewicht des Paares durcheinander, vor allem dann, wenn er für einen von beiden existentiell wichtig wird und der andere draußen vor bleibt. Bisher waren die Partner – jedenfalls vermeintlich – nahe zusammen. Das ändert sich mit einem Schlag. Einer der Partner rückt jetzt an den Dritten heran, und der andere fühlt sich ausgeschlossen und nicht mehr wichtig. So bringt auch der Butt als Dritter Durcheinander in die Beziehung des Fischers und seiner Frau. Denn mit seiner geheimnisvoll angedeuteten Biografie ruft er bei den beiden ganz unterschiedliche Reaktionen hervor: Der Mann will »mit einem Butt, der reden kann«, nichts zu tun haben, aber Ilsebill fährt, wie man so schön sagt, völlig auf ihn ab, weil er sich als verwunschener Prinz zu erkennen gibt.

Das hat natürlich damit zu tun, dass der »Dritte« immer etwas anspricht und lebendig macht, was vom Paar bisher nicht oder nicht mehr beachtet worden ist und im Streben nach Sicherheit, Vertrautheit und Geborgenheit untergegangen ist. Der Butt unserer Erzählung scheint das zu symbolisieren. Er ist in Wirklichkeit ein Prinz! Er ist einer, der in allem genau das Gegenteil von dem verkörpert, was die beiden Eheleute in ihrer armseligen Eintönigkeit darstellen. Er macht mit einem Schlag ihr nicht gelebtes Leben gegenwärtig, und von da an wird Ilsebill keine Ruhe mehr haben, sie wird von diesem »anderen Leben« nicht mehr loskommen und damit die Beziehung von einem Konflikt in den nächsten steuern.

Das ist ein häufiger Vorgang: Der Dritte, der die Zweisamkeit eines Paares stört, sei es nun ein Freund, eine Geliebte, ein eigenes Kind oder ein neues Engagement, dieser Dritte in vielfältig möglicher Gestalt ist keineswegs ein Störenfried nur »von außen«. Er kann nur stören, weil er in der beschriebenen Weise etwas wiederbelebt, was das Paar im Laufe seiner Geschichte verloren, was es im Interesse der eigenen »Ruhe« und des eigenen Gleichgewichts geopfert hat. Vielleicht ist das der Spaß in der Beziehung. Oder es gibt keine Auseinandersetzungen mehr. Oder die Gefühle, die Zärtlichkeit und Sexualität, die Kreativität oder die Kontakte sind irgendwo auf der Strecke geblieben – der »Dritte« spricht diese verlorengegangene Seite an, verkörpert sie, lässt sie wieder als möglich und realisierbar erscheinen. Er wird zum »verwunschenen Prinzen«, der mit der Ärmlichkeit des eigenen Lebens konfrontiert und zugleich den Horizont einer ganz neuen Welt eröffnet, indem er einlädt, sich mit ihm zusammenzutun und ihn zu »erlösen«.

In unserer Geschichte spricht Ilsebill auf diese Verheißung an, nicht der Fischer. So wird sie, obwohl sie dem Butt nie persönlich begegnet, zu dessen Verbündeter, der Fischer dagegen gerät in seiner Bedeutung für sie an den Rand und wird zum bloßen Botengänger degradiert. Dabei ist als erstem der Butt ihm begegnet! Das fällt auf, aber psychologisch gesehen wird daran ein Zusammenhang deutlich, der in der Dynamik von Beziehungsdreiecken oft eine bedeutende Rolle spielt.

In unserer Geschichte taucht der Butt aus dem Wasser des Meeres auf. Von jeher wird im Wasser, vor allem im unergründlichen Wasser des Meeres, ein Symbol für das Unbewusste gesehen. Das würde heißen, dass der Butt und mit ihm der verwunschene Prinz als ein Teil des Unbewussten auftaucht! Er wäre also nicht nur ein realer Dritter, sondern würde etwas repräsentieren, das im Unbewussten der beteiligten Personen bereits vorhanden ist. Aber in wessen Unbewussten? Auf jeden Fall *auch* im Unbewussten des Fischers, denn dieser befindet sich am Anfang der Geschichte ja allein auf der Szene. Demnach repräsentiert der Butt nicht nur unerfüllte Lebenssehnsüchte der Fischersfrau, sondern auch jene ihres Mannes!

Vielleicht war dieser nicht immer so unendlich genügsam, wie er uns jetzt erscheint. Vielleicht hat er einmal ganz andere Ansprüche an das Leben gehabt, nur hat er sich diese im Unterschied zu seiner Frau im Laufe der Jahre gründlich abgewöhnt, und wenn er da so einsam und alleine am Ufer des Meeres sitzt und seine Gedanken in die Weite schweifen lässt, dann kommen die wieder hoch und fangen an, ihn zu bedrängen. Da sein jetziges Leben so wenig zu solchen Luftschlössern passt, macht ihm das Angst. So muss er den Butt schnell wieder loswerden. Die Blutspur, die dieser hinterlässt, könnte möglicherweise auch auf das Gewaltsame hinweisen, mit dem der Fischer sich solche Ideen aus der Seele reißt, um nicht aus seinem bewährten Gleichgewicht zu geraten.

Ist das nicht auch die Situation vieler heutiger Männer? Sie gehen täglich zu ihrer Arbeit, unterwerfen sich den Gesetzen, die hier gelten, und tun schweigend ihre Pflicht. Dass »Leben« auch noch etwas ganz anderes bedeuten könnte, solche Flausen müssen sie sich aus dem Kopf schlagen, um durchzuhalten. Das ist der eigentliche Grund, warum sie sich dann so heftig gegen alle Veränderungswünsche und Unzufriedenheiten ihrer Frauen wehren – nicht, weil diese ihnen so fremd wären, im Gegenteil: gerade weil diese auch ihre eigenen geheimen Sehnsüchte ansprechen und aufrühren.

Diese Sachlage hat aber eine doppelte Konsequenz, die für das weitere Verständnis unserer Geschichte wie auch der darin symbolisierten Paar-Dynamik von großer Bedeutung ist: Wenn das, was in der Paarbeziehung an Lebendigkeit nötig ist, zu wenig verwirklicht wird, und wenn einer der Partner den »verwunschenen Prinzen« im Butt vollständig abwehren muss, dann liegt es nahe, dass die Abwehr des einen das besondere Interesse des anderen förmlich heraufbeschwört. Hier haben wir nun bereits den Schlüssel zum Verständnis der Maßlosigkeit Ilsebills in der Hand. Da sich der Fischer alle Ideen, auf die der Butt als verwunschener Prinz ihn bringen könnte, vom Leib hält und sich keinen Zentimeter auf sein faszinierendes Auftauchen einlässt, sondern ihn nur schnell wieder loswerden will, darum »muss« Ilsebill besonders auf Folgenden immer wieder herausstellen wird, zeichnet sich hier schon ab: Der Fischer ist nicht so unbeteiligt an Ilsebills Maßlosigkeit, wie es uns die Geschichte auf den ersten Blick weismachen will – und ebensowenig sind die vielen fleißigen, bescheidenen und zufriedenen Männer unbeteiligt an der ewigen Unzufriedenheit ihrer Frauen. Denn ein Paar stellt ein lebendiges Ganzes dar, und was der eine von beiden nicht wahrhaben will, das bringt sich beim anderen mit besonderer Intensität zum Bewusstsein.

Die Tatsache, dass dem Fischer die Welt des verwunschenen Fisch-Prinzen nicht so fern liegt, wie er sich den Anschein gibt, hat aber noch eine zweite Konsequenz. Wir erleben die ganze Geschichte hindurch, wie sich der Fischer immer wieder als unfähig erweist, seiner Frau wirksame Grenzen zu setzen. Er macht zwar immer mehr Worte, aber erfolgreich ist er damit keineswegs. Letztlich setzt sich Ilsebill immer wieder durch. Und wenn sie das Schloss besitzt, wenn sie König, Kaiser, Papst geworden ist, was tut er dann? Er tritt vor sie hin und bewundert sie: »Wie schön, dass du nun König, Kaiser, Papst geworden bist!« Damit wird sein Widerstand vollends unglaubwürdig. Aber ist es ein Wunder? Der Butt ist zuerst aus *seinem* Unbewussten aufgetaucht, auch er hat teil an der Unzufriedenheit und den Lebens-Sehnsüchten seiner Frau, er gesteht es sich nur nicht ein. Kann er sich da wirksam von ihr abgrenzen? Die Abwehr der Männer gegen die Wünsche ihrer Frauen enthält oft eine »doppelte Botschaft«. Das »Nein« verdeckt nur mühsam den eigenen uneingestandenen Wunsch. Gerade deshalb muss es so hart und unerbittlich entgegengesetzt werden. Aber das spüren die Frauen, und ohne es genau wahrzunehmen, haken sie deshalb nur umso dringender nach. Damit ist jene eskalierende Spirale in Gang gesetzt, die unser Märchen in extremer Form darstellt und die in so vielen Paarbeziehungen ein gutes Miteinander zerstört.

Aus den beiden geschilderten Konsequenzen ergibt sich eine Einsicht, deren Wichtigkeit für Paarbeziehungen und alle intensiven persönlichen Beziehungen nicht hoch genug veranschlagt werden kann: Wenn ich handle wie der Fischer, der den Butt gleich wieder loswerden will, wenn ich also verdränge, abspalte oder verleugne, was nicht in mein gegenwärtiges Lebenskonzept passt, dann ist das nicht meine individuelle Privatangelegenheit, die nur mich angehen würde. Vielmehr beeinflusse ich damit, auch wenn davon ausdrücklich nie geredet wird, meinen Partner massiv. Wenn ich mich nicht um die Seiten meines Innenlebens kümmere, vor denen ich Angst habe, dann verschwinden diese nicht einfach, im Gegenteil. Sie bringen sich mit aller Kraft zur Geltung – und zwar jenseits meiner Kontrolle. Was ich selber verdränge, bringt meinen Partner und unsere Beziehung unter Druck, und je gründlicher ich es aus meinem Bewusstsein verbanne, um so mehr. Der bescheidene, ruhige, genügsame Fischer »delegiert« die gegenteiligen Seiten seines Wesens, die er bei sich nicht wahrhaben will, seine Sehnsucht, ja seine Gier und seine eigene Maßlosigkeit an Ilsebill, die sie dann in besonders destruktiver Weise auslebt, weil sie das Verdrängen offensichtlich nicht so gut trainiert hat wie ihr Mann. Wenn wir uns also um Selbsteinsicht und Ehrlichkeit uns selbst gegenüber mühen und um das Bewusstwerden auch jener Seiten unserer Seele, die wir in den Schatten gedrängt haben, dann tun wir nicht nur etwas für unsere eigene Person. Wir entlasten damit auch unseren Partner und unsere Beziehung.

Hätte sich der Fischer der befremdlichen Tatsache geöffnet, dass aus der Tiefe des Meeres ein verwunschener Prinz auftauchte und an seiner Angel hängenblieb, hätte er sich mit dem Butt, »der sprechen kann«, auf ein längeres Gespräch eingelassen und angefangen, aus dieser Perspektive sein Leben neu zu reflektieren, wahrscheinlich hätte er dann für sich und seine Frau einen besseren Weg gefunden, als ihn das Märchen schildert. Er hätte die Chance gehabt, die Macht des geheimnisvollen Fisches für das gemeinsame Leben zu nutzen, und die Gier Ilsebills hätte sich erst gar nicht entwickeln müssen.

Noch ein Letztes wird aus den aufgezeigten Zusammenhängen deutlich. Wenn in der beschriebenen Weise aus einer Zweier- eine Dreierbeziehung geworden ist, in der das ursprüngliche Gleichgewicht verloren gegangen ist, bringt es für eine Lösung der daraus entstehenden Konflikte nichts, wenn auf irgendeine Weise der »Dritte« ausgeklammert wird, indem zum Beispiel der eine Partner durchsetzt, dass der andere seine Beziehung oder auch sein Engagement für den, die oder das Dritte einfach wieder aufgibt und in die alte Zweisamkeit »zurückkehrt«. Das wünschen sich die Betroffenen nur zu häufig – in dem Glauben, es könnte dann wieder so sein wie früher. Selbst wenn der Butt im Märchen eines Tages auf den Ruf des Fischers hin nicht mehr erschienen wäre – das, was er mit seinem Auftauchen geweckt hat, hätte die Beziehung der Fischersleute dennoch von Grund auf verändert. Ilsebill würde sich mit dem Pisspott nie mehr zufrieden geben. Denn wenn ein Dritter in einer Zweierbeziehung für einen von beiden so wichtig wird, dass er die alten Muster der Bescheidenheit und Zurückhaltung nicht mehr mitspielt, dann ist damit etwas angesprochen, was für eine gute Weiterentwicklung gebraucht wird, aber in der Beziehung nicht oder nicht mehr zum Tragen kommt. In diesem Sinn kann der Dritte, ist er einmal aufgetaucht, nie mehr vollständig eliminiert werden. Die Vision des Prinz-Seins, die der Butt im Leben der beiden Fischersleute hervorgerufen hat, muss in der Beziehung Lebensrecht bekommen. Wenn das geschieht, wirkt der oder das Dritte nicht mehr destruktiv und spaltend. Denn das, was er repräsentiert, ist dann in die Zweierbeziehung integriert worden. Wird der oder das Dritte hingegen einfach ausgeklammert, wird demnächst wieder ein Dritter oder ein Drittes auftauchen und die Zweierbeziehung von neuem aus dem Gleichgewicht bringen.

4. Der Mann, der es seiner Frau immer recht machen will

Der Fischer stand auf und ging nach Hause zu seiner Frau. »Mann«, sagte die Frau, »hast du heute nichts gefangen?« – »Nein«, sagte der Fischer, »ich habe einen Butt gefangen. Der sagte aber, er sei ein verwunschener Prinz, da hab ich ihn wieder schwimmen lassen.« – »Hast du dir denn nichts gewünscht?« fragte die Frau. »Nein«, sagte der Mann, »was sollte ich mir wünschen?« – »Ach«, rief die Frau, »das ist doch schlimm, wenn wir hier immer in dem alten Pisspott wohnen müssen. Da stinkt es und es ist so eklig. Du hättest uns doch ein hübsches Häuschen wünschen können. Geh noch einmal an die See, rufe den Butt und sag ihm, wir wollen ein kleines Häuschen haben. Der tut das bestimmt.« – »Ach«, sagte der Mann, »was soll ich da noch hingehen?« – »Ei«, sagte die Frau, »du hast ihn doch gefangen und hast ihn wieder schwimmen lassen, der tut das bestimmt. Geh gleich hin!«

Der Mann wollte immer noch nicht. Weil es aber seine Frau durchaus wollte, ging er schließlich doch. Als er an die See kam, war das Wasser grün und gelb und gar nicht mehr so klar. Er ging hin und sagte:

»Manntje, Manntje, Timpe Te,
Buttje, Buttje in der See,
meine Frau, die Ilsebill,
will nicht so, wie ich wohl will.»

Da kam der Butt angeschwommen und sagte: »Na, was will sie denn?« – » Ach«, sagte der Mann, »ich habe dich doch gefangen und wieder freigelassen, und nun sagt meine Frau, ich hätte mir etwas wünschen sollen. Sie mag nicht mehr in dem Pisspott wohnen, sie möchte gern ein kleines Häuschen.« – »Geh nur hin«, sagte der Butt, »sie hat es schon.«

Wir wissen, welche unselige Spirale von Wünschen, die sich immer mehr ins groteske Übermaß steigern, sich aus diesem ersten Dialog zwischen dem Fischer und seiner Frau entwickeln wird. Ilsebill verliert tatsächlich jedes Maß. Das Märchen sagt: Es liegt ganz allein an ihr, weil sie offenbar einen schlechten, habgierigen Charakter hat. Die Überlegungen des vorigen Kapitels haben uns gezeigt, dass es sich wohl kaum so verhält. Wir wissen heute, dass in der Zweierbeziehung das Verhalten des einen nie isoliert vom Verhalten des anderen gesehen werden kann. Immer hat das eine mit dem andern zu tun. Immer beeinflusst einer den anderen. Das gilt schon, wenn wir nur die Ebene des äußeren Verhaltens betrachten. Der eine schreit zum Beispiel immer wieder laut und »unbeherrscht«, aber das ist nicht nur sein »Charakter«, und der andere ist nicht so unbeteiligt, wie es dem Außenstehenden zunächst erscheint. Denn die »Zurückhaltung« des anderen ist – genau besehen – eine gezielte Provokation, mit der dieser ihn hochgehen lässt. Oder: der eine ist passiv und ohne Initiative, er überlässt dem anderen jegliche Initiative – aber auch das ist nicht grundlos, denn der andere lässt ihn mit seiner hektischen Überaktivität nicht zum Zug kommen und spielt ihn an die Wand. Oder der eine entzieht sich ständig, aber das ist wieder nicht nur sein »Charakter«, sondern hat auch damit zu tun, dass der andere ständig nach ihm »grapscht« und ihn so in die Flucht schlägt. In der Paarbeziehung beeinflussen die Partner sich gegenseitig stark. Das sagt nichts gegen die Verantwortlichkeit eines jeden für sein eigenes Tun.

Aber wir werden diesem nicht gerecht und verstehen es nicht, wenn wir es nicht auch als Antwort betrachten, als Antwort auf das Tun des anderen, als Re-Aktion auf dessen Aktion. In einer Beziehung ist jede Aktion zugleich auch eine Re-Aktion. Der wechselseitigen Beeinflussung kann keiner der Partner entrinnen.

Schon allein aus dieser allgemeinen Einsicht muss man vermuten, dass das Verhalten Ilsebills, ihre Unmäßigkeit und ihre sich ständig steigernde Gier, auch etwas mit dem Verhalten des Fischers zu tun hat, und wir haben gesehen, dass das tatsächlich der Fall ist. Wenn wir nun im weiteren Verlauf der Geschichte beobachten, wie der Fischer sich im einzelnen verhält, finden wir diesen Zusammenhang immer wieder bestätigt.

Was für ein Mensch ist denn dieser Mann? Er ist gewiss ein guter Kerl. Er geht seiner täglichen Arbeit pünktlich und regelmäßig nach. Er verschweigt seiner Frau auch nicht, was er bei der Arbeit erlebt hat, sondern erzählt ihr zum Beispiel sogleich die seltsame Begegnung mit dem Zauberfisch. Er freut sich auch an ihrer Freude, wenn sie das Haus bekommt und dann das Schloss, ja er freut sich auch dann noch und bewundert sie, als sie König, Kaiser und Papst wird. Hier stutzt man freilich, denn wirkt gerade das nicht schwer nachvollziehbar, wenn man seinen anfänglichen Widerstand dagegen in Betracht zieht? Ist der Fischer wirklich schon ein erwachsener Mann, der bei seiner Überzeugung bleiben und eine Linie durchhalten kann? Wirkt er hier nicht eher wie ein kleiner Junge, der es nach anfänglichen Widerständen doch der Mutter recht machen muss?

Die ersten Zeilen der Erzählung lassen ihn jedenfalls nicht gerade als einen Ausbund von Tatkraft und Verantwortlichkeit erscheinen. Er kann seiner Familie zum Wohnen nicht mehr als einen »Pisspott« bieten, und wenn man bedenkt, dass sein einziges Instrument für den Fischfang eine Angel ist, wundert einen das nicht allzu sehr. Zudem liebt er es offenbar beschaulich: Er »ging jeden Tag hin und angelte, und er angelte und angelte. So saß er … und schaute immer in das klare Wasser hinein, und er saß und saß …« Er ist also, würde man in Norddeutschland sagen, »ein wenig dröge«. Kann man da nicht ganz gut verstehen, dass seine Frau dabei eher unruhig und nervös wird? Ruhige Menschen kommen in der Einschätzung der Umwelt meistens besser weg als unruhige. Derjenige, der in Hektik verfällt, hat die schlechteren Karten. Aber nur zu oft ist er dabei auch ein Opfer des »Ruhigen«. Man kann nämlich auf eine Weise »ruhig« sein, die den anderen auf die Palme treibt. Die Ruhe des Fischers, der da sitzt und sitzt und nichts dabei findet, dass seine Frau in einem »Pisspott« hockt, könnte durchaus von dieser Art sein. Daraus können wir für Ilsebills Unzufriedenheit, noch bevor alles in Gang kommt, bereits ein gewisses Verständnis gewinnen.

Zu dieser Passivität des Fischers passt, dass er ein Mensch ist, der scheinbar ohne Wünsche ist, weil er sie so weit verdrängt hat, dass er sie nicht mehr wahrnimmt. Darüber haben wir bereits gesprochen. Menschen, die ihre eigenen Wünsche nicht wahrnehmen, sind aber in der Regel auch Menschen ohne Phantasie. Dies gilt auch für unseren Fischer. Dass seine Frau von einer komfortableren Behausung träumt, ist für ihn alles andere als naheliegend: »Was sollte ich mir wünschen?« ist seine erstaunte Rückfrage an Ilsebill. Und als das Häuschen da ist, ist seine erste Reaktion nicht Freude darüber, sondern: »So soll es bleiben«, das heißt: »Jetzt ist aber mit Wünschen genug!« Ein Mann, der ohne jegliche Träume ist, trägt jedoch gerade dadurch dazu bei, dass die Träume seiner Frau ins Unermessliche wachsen. Das ist ein Muster, das oft zu beobachten ist. Wenn *sie* Ideen hat, was man machen oder anschaffen könnte, dann rechnet *er* als erstes aus, was es kostet, und sagt: »Es geht nicht« – und gerade das ist es, was sie dann nicht zur Ruhe kommen lässt. Da sie ständig gegen ihn anrennen muss, kann es sein, dass sie sich immer mehr in ihren Wünschen versteigt. Würde er einfach mal mitphantasieren, mitträumen, Luftschlösser mit ihr bauen – die Chance wäre viel größer, in diesem Prozess gemeinsam auf ein realistisches Maß zu kommen und auf ein Projekt, das dann vielleicht realistisch *und* phantasievoll zugleich wäre. Aber dadurch, dass der Mann »nur« realistisch ist, wird die Frau leicht »nur« phantastisch oder überansprüchlich, und beide polarisieren sich in extremen Positionen, so dass es keine Brücke mehr von einem zum anderen zu geben scheint. Dadurch, dass der Fischer sich zu wenig wünscht, zu wenig träumt, zu wenig Phantasie aufbringt, trägt er dazu bei, dass seine Frau im Wünschen, Träumen und Phantasieren bald über alles Maß hinauszuschießen beginnt.

Noch ein Weiteres wird schon aus den ersten Sätzen des Märchens klar: Der Fischer hat keinen eigenen Standpunkt. Er scheint nur er selber zu sein, wenn er am Meer sitzt und angelt – ganz allein für sich und ohne Bezug. Sobald er dieses einsame Dasein verlässt und in Kontakt tritt – sei es mit dem Fisch, sei es mit Ilsebill, verliert er sich selbst ganz schnell. Es ist, als gäbe es ihn nur für sich allein als eigenes Ich. Sobald er mit anderen zu tun hat, wird er zum ausführenden Organ, zur bloßen Funktion. Er spürt sehr bald, dass die Wünsche seiner Frau, ein Schloss zu haben, König, Kaiser, Papst zu sein, gefährlich werden. Und er denkt und sagt es vor sich hin: »Das ist nicht recht, das ist nicht recht!« Aber er stellt sich Ilsebill nicht wirklich entgegen, sondern fragt immer nur: »Was willst du denn ein Schloss, was willst du König, Kaiser und so weiter sein?« Natürlich erreicht er damit nichts, aber das veranlasst ihn immer noch nicht, einen klaren Standpunkt zu beziehen. Er beginnt, sich ab jetzt vielmehr auf den Fisch zu berufen. Den dürfe man doch nicht verärgern. Der könnte es übel nehmen. Und schließlich behauptet er beim Wunsch Ilsebills nach Kaiser- und Papsttum völlig aus der Luft gegriffen, dass das deshalb nicht ginge, weil der Fisch das doch nicht mehr bewirken könne. Dafür gibt es keinerlei Anzeichen, er sagt es bloß deshalb, um der Kraft seiner Frau etwas scheinbar Reales entgegensetzen zu können. So wenig traut er seinen eigenen Einsichten und seinem eigenen Wollen zu. Nur nicht selber hinstehen müssen, nur nicht Farbe bekennen und sagen: »Nein, nicht mit *mir!*« Den Gipfel erreicht diese Standpunktlosigkeit darin, dass er jedes Mal, wenn Ilsebill ihre Wünsche durchgesetzt hat, völlig umfällt und Beifall klatscht: »Ach Frau, was ist das schön, dass du nun König (Kaiser, Papst) bist.« Zuerst wehrt er sich, aber sobald das Ereignis eingetreten ist, bewundert er sie. Damit aber signalisiert er: Wirklich ernst musst du meinen Widerstand nicht nehmen!

Warum der Fischer vor einem eigenen Standpunkt solche Angst hat, darüber haben wir bereits gesprochen und werden wir noch weitere Überlegungen anstellen. Im jetzigen Zusammenhang möchte ich nur darauf hinweisen, wie schwer es ist, als Partner eines solchen Menschen ohne Standpunkt nicht rechthaberisch zu erscheinen. Wenn einer keinen eigenen Platz einnimmt, wie soll es der andere anstellen, nicht zu viel Platz zu beanspruchen? Wenn der eine nichts für sich will, kann der andere tun, was er will, er wird sehr bald als unmäßig erscheinen. Was beim Fischer aussieht wie Selbstlosigkeit, ist in Wahrheit Mangel an eigenständigem Ich. Dadurch gerät Ilsebill sehr schnell in die Ecke der Egomanin. Wir sind uns, vor allem als Lebenspartner, gegenseitig klare Konturen schuldig. Denn ohne diese lässt einer den anderen ins Leere laufen. Das Inflationäre an Ilsebills Wünschen scheint also mit der Konturlosigkeit und dem Ich-Mangel des Fischers zuinnerst zu tun zu haben.

Aber bei aller Problematik, die in dem Mangel an Eigenständigkeit liegt, muss man nicht sagen, dass er auch eine andere Seite hat, eine, die sehr viel positiver zu werten ist? Der Fischer ist in seinem Denken und Fühlen doch ganz und gar auf Ilsebill ausgerichtet. Er erscheint ganz und gar auf sie bezogen. Ist das nicht »die beharrliche Liebe«, von der der erwähnte Theaterzettel spricht, eine Liebe, die sich so viele Frauen von ihren Männern wünschen? Der Fischer will nur, dass es Ilsebill gut geht. Dafür überwindet er immer wieder seine Widerstände, trotzt den bedrohlichen Zeichen der Natur, fragt immer wieder den Fisch, obwohl es ihm immer unheimlicher wird. Kein Zweifel: ein solches Verhalten wird oft für Liebe gehalten, von Männern wie von Frauen. Aber ist sie das wirklich?

Der Fischer tut wohl viel für seine Frau. Aber wenn wir einmal ganz genau hinschauen, wie sich das beim ersten Mal abspielt, als es um das Häuschen geht, das sich Ilsebill wünscht, werden wir eines anderen belehrt. Da fällt auf, dass er mit keinem Wort oder Gedanken verrät, dass er Verständnis für diesen Wunsch hat und ihn nachvollziehen kann. Im Gegenteil, er ignoriert Ilsebills Klagen und quittiert ihren wiederholten Wunsch mit der ungehaltenen Frage: »Was soll ich da noch hingehen?« Sein Sträuben zeigt, dass er sich in ihre Situation in keiner Weise einfühlen kann. Die ewig unzufriedenen Frauen – entsteht dieses Bild in den Männern nicht sehr oft dadurch, dass sie ihre Tage – wie der Fischer draußen am Meer – im Beruf verbringen und sich keine Vorstellung davon machen können, wie es ihren Frauen, vor allem denen mit kleinen Kindern, zu Hause manchmal geht, nämlich nicht sehr viel anders als Ilsebill, wenn sie sagt: »Das ist doch übel, hier immer im Pisspott zu wohnen, das stinkt und ist so eklig!« Dass diesen Frauen zu Hause die Decke auf den Kopf fällt, darüber ist schon vieles gesagt und geschrieben worden. Trotzdem begegne ich bei Paaren immer wieder Männern, die für solche Unzufriedenheit überhaupt kein Verständnis aufbringen können, wo doch zu Hause alles so schön und gemütlich ist. (Ganz nebenbei: Solchen Männern sei ein wenigstens kurzzeitiger Rollenwechsel empfohlen – dann erübrigen sich alle weiteren Worte!)

Der Fischer will es wohl seiner Frau recht machen – aber

ein wirkliches Verständnis hat er nicht für sie. Wie lässt sich das verstehen? Das Leben solcher Männer scheint unter dem Motto zu stehen: »Mach es anderen recht!« Die Motivation dafür kommt aber nicht aus den Bedürfnissen des anderen, sondern aus den eigenen! Wenn der Fischer zum Butt geht, um für seine Frau zu bitten, geht es ihm nicht um seine Frau. Es geht ihm vielmehr darum, dass sie erstens nicht endgültig böse wird und zweitens endlich Ruhe gibt! Er wünscht sich nichts sehnlicher, als dass er wieder an den Strand gehen und seinen eigenen Gedanken nachhängen kann. Es geht ihm also nur um sich selber, nicht um seine Frau. Männer, deren Leben unter dem Motto steht, es anderen recht zu machen, sind in der Regel »herzensgute Menschen« oder »nette Kerle«. Sie sind beliebt, weil man viel von ihnen haben kann. Manchmal haben sie auch etwas jungenhaft Sympathisches an sich und scheinen aufmerksam und einfühlsam zu sein. Aber ihre Ausrichtung auf die Wünsche der anderen ist im Kern eine unreife, kindliche Gebundenheit. Diese Männer sind hilfsbereit, weil sie sich von den Wünschen des anderen nicht abgrenzen können. Es geht ihnen dabei gar nicht um diesen anderen, sondern darum, sich selbst zu retten. Der andere soll nur ja die Beziehung nicht aufkündigen, was sie befürchten, wenn sie ihren eigenen Willen zur Geltung bringen würden, und er soll schnell zufrieden gestellt werden, damit sie selber nicht zu sehr mit dem ungeklärten Verhältnis zu ihren eigenen Sehnsüchten und Begehrlichkeiten konfrontiert werden.

Wie wenig diese Haltung des Fischers mit Liebe zu tun hat, wird auch noch an dem oftmals wiederholten Beschwörungsspruch deutlich:

Manntje, Manntje, Timpe Te
Buttje, Buttje in der See,
meine Frau, die Ilsebill,
will nicht so, wie ich wohl will.

Hier zeigt sich, was der Fischer für seine Frau wirklich empfindet. Er ärgert sich über sie, vielleicht hasst er sie sogar. Und weil er dieses Gefühl ja irgendwo loswerden muss, darum beklagt er sich hinter ihrem Rücken über sie. Die netten Kerle – wenn sie zusammen am Stammtisch sitzen, dann klingen die Reden über ihre Partnerinnen oft sehr viel weniger nett, dann lassen sie ihrer Aggression freien Lauf. Aber diese mündet wie beim Fischer dann nicht als Kraft in eine konstruktive Auseinandersetzung mit der Partnerin, sondern verpufft lediglich wie durch ein Ventil. Noch destruktiver wird es allerdings bei Männern, denen das »Recht-mach-Muster« so tief in den Knochen sitzt, dass sie auch vor Dritten nichts über ihre Frauen kommen lassen. Ärger, Wut und Hass suchen sich dann manchmal andere, noch zerstörerischere Wege: Sie quengeln und bessern dann zum Beispiel mit »wohlmeinender Kritik« an ihren Frauen herum oder richten die Aggression schließlich ganz gegen sich in selbstzerstörerischen Verhaltensweisen – von körperlicher Überanstrengung bis zu psychosomatischen Beschwerden.

Noch ein weiterer Zug an der Beschwörungsformel verstärkt unseren Eindruck in derselben Richtung: Der Fischer lehnt jede eigene Verantwortung ab. Er distanziert sich ganz deutlich von seiner Frau. *Sie* will, *ich* will ja nicht. *Sie* will das Haus, das Schloss, *sie* will König, Kaiser und so weiter werden – *ich* ja nicht! Er versucht, sich von jeder Eigenverantwortung rein zu waschen und die Schuld an dem Ganzen ihr anzuhängen. Mit Liebe, mit echter Bezogenheit auf die Partnerin hat das wohl nicht viel zu tun, im Gegenteil, es ist eine deutliche Distanzierung. Der bemühte Fischer – in Wirklichkeit will er mit der Frau gar nichts mehr zu tun haben, aber er bringt den Mut nicht auf, dies offen zu zeigen.

Im wirklichen Leben lassen sich Dritte nicht selten auf solche »Spiele« ein. Sie greifen ein, tun den Job des »netten Kerls«, übernehmen Verantwortung oder hören jedenfalls bedauernd zu. Diesen Gefallen tut im Märchen der Butt dem Fischer nicht. Er geht nicht auf die Klagen ein, er reagiert nicht auf den Versuch, die Verantwortung abzuschieben, er kommt jedes Mal herbei, fragt nach dem Wunsch der Frau und erfüllt ihn. Dieses Verhalten bekommt in seinem fast mechanischen Ablauf etwas nahezu Unheimliches. Unerbittlich bringt der Fisch damit die destruktive Dynamik zum Vorschein, die der »gutwillige« Fischer mit seiner Frau hier in Gang setzt. Vielleicht rächt sich der Butt dafür, dass der Fischer ihn nicht als Repräsentanten seines eigenen Wünschens und Wollens anerkennt, sondern ihn so schnell wie möglich loswerden will.

Der Fischer wird so gesehen zur kritischen Anfrage an die vielen wohlmeinenden gutmütigen Männer, die es ihren Frauen immer recht machen wollen. Er hält ihnen einen Spiegel vor, der ihre »beharrliche Liebe« in gar keinem guten Licht erscheinen lässt und diese zutiefst in Frage stellt. Jedenfalls wird deutlich, dass sie an der »ewigen Unzufriedenheit« ihrer Frauen sehr viel mehr beteiligt sind, als es auf den ersten Blick erscheint und sie es wahrhaben wollen.

5. Die ewig unzufriedene Frau

Der Fischer ging nach Hause. Da stand nicht mehr der alte Pisspott, sondern ein kleines Häuschen, und auf einer Bank vor der Tür saß seine Frau. Sie nahm ihn bei der Hand und sagte zu ihm: »Komm nur herein und schau! So ist das doch viel besser!« Da gingen sie hinein, und im Häuschen war ein kleiner Vorplatz und eine hübsche kleine Stube und eine Kammer, wo jedem sein Bett stand, und eine Küche mit Speisekammer und alles auf das beste eingerichtet, mit Zinnzeug und Messing, wie sich das gehört. Hinter dem Haus war ein Hof mit Hühnern und Enten und ein kleiner Garten mit Obstbäumen und Gemüse.

»Na«, sagte die Frau, »ist das nicht nett?« – »Ja«, sagte der Mann, »so soll es bleiben. Nun wollen wir recht vergnügt leben.« – » Das wollen wir uns überlegen«, antwortete die Frau.

Dann aßen sie und gingen zu Bett.

So gingen wohl acht oder vierzehn Tage vorüber, da sagte die Frau: »Hör Mann, das Häuschen ist auch gar zu eng und Hof und Garten doch zu klein. Der Butt hätte uns wohl auch ein größeres Haus schenken können. Ich möchte in einem großen steinernen Schloss wohnen. Geht zum Butt, er soll uns ein Schloss schenken.«

Viele Frauen wundern sich darüber, wie glücklich ihre Männer verheiratet sind« – dieses Bonmot, das unlängst in einer Frauenzeitschrift zu lesen war, charakterisiert die heutige Situation. Die Unzufriedenheit vieler Frauen mit ihren Partnerbeziehungen scheint sehr weit verbreitet zu sein. Das geht durch alle Gesellschaftsschichten, von der »alternativen« bis zur bäuerlichen Bevölkerung. Schon seit längerem übersteigt statistisch die Zahl der Frauen, die eine Scheidung einreichen, diejenige der Männer bei weitem. Je mehr sich die weltanschaulichen Bindungen lockern, desto mehr sind es vor allem sie, die aus der Ehe aussteigen. Die chronisch unzufriedene Frau – ein Zeitphänomen? Ilsebill – keine Ausnahme, sondern heute der Regelfall? Gewiss lässt sich die fatale Wünsche-Spirale Ilsebills nicht einfach mit der Unzufriedenheit heutiger Frauen zur Deckung bringen. Aber an der grotesken Übersteigerung wird dennoch eine Dynamik deutlich, die sich auch in heutigen Beziehungen immer wieder finden lässt. Hier einige Beispiele:

Hannelore hat auf einen Bauernhof geheiratet. Aber die Mutter ihres Mannes Otto führt hier noch das Regiment. Hannelore kommt nicht aus der Landwirtschaft, und so hat sie ihr gegenüber keinerlei Chance. Die Schwiegermutter hält die Zügel fest in der Hand. Otto sieht das Dilemma seiner Frau, arbeitet um so fleißiger, versucht zu vermitteln, greift aber nicht ein. Weder er noch Hannelore wagen die offene Auseinandersetzung. So wird die Situation für Hannelore mit der Zeit untragbar. Schließlich will sie nur noch weg. Mit vielen durchaus schlüssigen wirtschaftlichen Argumenten erreicht sie, dass Otto eine Ausbildung zum Automechaniker macht und der Hof verkauft wird. Für das Geld mieten sie ein Haus, aber Hannelore fühlt sich bald auch hier nicht mehr wohl. Denn die Oma, die widerstrebend mit umgezogen und deren Wohnbereich nicht genügend abgegrenzt ist, mischt sich nach wie vor in alles ein. Zudem gelingt es den Kindern nicht, Freunde zu finden, und schließlich beginnt es Hannelore immer mehr zu stören, dass sie zur Miete wohnen. So überredet sie Otto, in dem Ort, aus dem sie stammt, ein Haus zu bauen. Otto weiß, dass das finanziell eigentlich nicht drin ist, aber das sagt er nicht. Er will die Frau endlich zufriedenstellen, und so wird das Haus gebaut. Zunächst beruhigt sich die Situation, bis eines Tages deutlich wird, dass die Verbindlichkeiten Otto total über den Kopf gewachsen sind. Das Haus muss versteigert werden, und Hannelore fühlt sich von Otto endgültig hinters Licht geführt.

Ein weiteres Beispiel aus einem ganz anderen Milieu: Marlene ist schon seit Jahrzehnten mit Ludwig verheiratet. Studium und eine mögliche Karriere hat sie für ihren Mann aufgegeben, weil sie ihm ins Ausland gefolgt ist, wo die beiden jetzt mit ihren erwachsenen Töchtern leben. Immer wieder erzählt sie von den herrlichen Zeiten als Frau Direktor – diese gehören nämlich der Vergangenheit an, weil Ludwig schon im Ruhestand ist. Wenn Ludwig dabei zu wenig begeistert mit einstimmt und sie nicht bestätigt, wird sie ärgerlich auf ihn. Sie hält ihn für viel zu bescheiden und treibt ihn immer wieder an, damit er nur ja den Kontakt zur »besseren Gesellschaft«, der sie angehören, nicht vernachlässigt. Er darf es sich nicht erlauben, eine Zusammenkunft des Golf- oder Tennisclubs zu versäumen, denn sie legt höchsten Wert darauf, hier präsent zu bleiben. Jedes Jahr fiebert sie dem großen Tennisturnier entgegen, denn es ist Tradition, dass sie dabei mit Ehrenkarte in der vordersten Loge sitzt. Ludwig tut meistens, was Marlene ihm aufträgt. Eine Weigerung, das weiß er aus Erfahrung, hat unangenehme Konsequenzen. Marlene ist dann beleidigt, bekommt Kopfweh, muss sich mit Migräne ins Bett legen. Darum bemüht er sich sehr, ihre Wünsche zu erfüllen. Dennoch erreicht er nur selten, dass sie mit ihm zufrieden ist. Immer bleibt irgendetwas an ihm auszusetzen…

Und ein letztes Beispiel: Annegret und Martin haben zwei kleine Kinder. Annegret fühlt sich damit total überlastet, und sie ist ärgerlich und wütend auf Martin, der als Ingenieur beruflich sehr eingespannt ist. Martin kann das überhaupt nicht verstehen. Denn er ist ein äußerst engagierter Vater. Sobald er nach Hause kommt, übernimmt er, was zu übernehmen ist. Er wickelt den Kleinen, spielt mit der Großen und bringt beide ins Bett. Aber Annegret ist nie mit ihm zufrieden. Ständig hat sie etwas auszusetzen an ihm; wie er es auch macht, er macht es falsch. Und immer ist es zu wenig, was er tut, und immer wieder hört er den Vorwurf, dass er ja nie da sei und dass alles andere ihm wichtiger wäre als die Familie. Mit der Zeit hat er mehr und mehr aufgehört, sich ausdrücklich zu rechtfertigen. Er tut, was er kann, denkt sich dabei das Götz-Zitat und schaltet auf Durchzug. Natürlich wird die Unzufriedenheit der Frau dadurch nicht geringer, im Gegenteil…

Ich habe diese drei Beispiele bewusst in dieser Reihenfolge erzählt. Beim ersten ist die Dynamik Ilsebills noch am deutlichsten zu erkennen: die Wünsche gehen nach immer »mehr«: Der Hof ist es nicht, das gemietete Haus ist es nicht, das eigene Haus ist es schließlich auch nicht. Bei Marlene im zweiten Beispiel fehlt das Weiterdrängende, sie hat sich mit ihren Wünschen auf einem bestimmten Niveau eingependelt. Es gibt zwar kleine »Abstürze« – Marlenes Migräne-Anfälle – aber keinen großen, katastrophalen, der allem ein Ende setzt. Dennoch verbindet sie mit Ilsebill, dass sie immer unzufrieden bleibt und meint, diese Unzufriedenheit mit äußeren Dingen befriedigen zu können. Das dritte Beispiel – Annegret und Martin – ist das alltäglichste, täglich variiert in hunderten und tausenden junger Familien. Hier geht es um gar nichts mehr »Großes«, wir erleben nur noch, wie eine überforderte junge Frau an ihrem Mann herumnörgelt, und man ist geneigt, zu denken: Mein Gott, was will sie eigentlich noch von ihm – der Mann tut doch alles, und seinen Job kann er ja schließlich auch nicht an den Nagel hängen! Was im Märchen gigantische Dimensionen annimmt, erscheint hier auf seinen kleinsten Kern reduziert. Aber dieser

Kern ist gleichsam die Keimzelle, aus der sich die gigantische Unzufriedenheits- und Wunsch-Dynamik Ilsebills entwickelt. Diesem Kern wollen wir uns im Folgenden zuwenden, um daraus das ganze Muster besser zu verstehen.

Der erste Wunsch Ilsebills unterscheidet sich von allen folgenden dadurch, dass er ein sehr verständlicher, nachfühlbarer Wunsch ist: »Das ist doch schlimm, wenn wir hier immer in dem alten Pisspott wohnen müssen, das stinkt und ist so eklig. Du hättest uns doch ein hübsches Häuschen wünschen können. Geh noch einmal an die See, rufe den Butt und sag ihm, wir wollen ein kleines Häuschen haben. Der tut das bestimmt!« Der Fischer geht zwar hin, aber das Märchen sagt, in welcher Haltung: »Der Mann wollte nicht recht«, und er mault: »Was soll ich da hingehen?« Wir haben hier den Fall, dass einer einen Wunsch zwar erfüllt – der Fischer tut, was Ilsebill von ihm möchte – aber er tut es so, dass der andere, dem der Wunsch erfüllt wird, damit nicht glücklich werden kann, weil nämlich die Wunscherfüllung gleichzeitig eine Missbilligung des Wunsches selbst enthält. Damit tritt eine häufige und sehr komplizierte Situation ein: Ilsebill bekommt einerseits, was sie will, und andererseits bekommt sie es doch auch wieder nicht. Denn der tiefste Wunsch, den wir haben und das dringendste Bedürfnis, das wir erfüllt wissen wollen, ist es, in unserer Person angenommen zu sein! In der Missbilligung des Wunsches durch den Fischer aber liegt eine Missbilligung der Person seiner Frau: »Was du immer willst!« Somit tut er zwar, was sie von ihm will, aber dieses tieferliegende Bedürfnis zu erfüllen, ist der Fischer nicht bereit. In solchen Situationen bekommt der Wünschende das Gefühl: Ich habe zwar bekommen, was ich wollte, und doch ist mir das Wesentliche dabei vorenthalten worden.

Wenn es so läuft, spüren das gerade Frauen fast immer, aber sie verstehen es oft nicht. Sie haben bekommen, was sie wollten – und trotzdem bleiben sie unbefriedigt, so wie die Frauen in unseren drei Beispielen. Sie bemerken nicht, dass ihre Männer zwar tun, was sie von ihnen wollen, aber sich dabei auf das tiefer liegende Bedürfnis nach Akzeptanz ihrer Person, das sie gleichzeitig auch damit äußern, nicht beziehen. Hannelore, die junge Bäuerin, hätte es eigentlich gebraucht, dass Otto zu ihr, als seiner Frau, steht und sich deshalb eindeutig von seiner Mutter abgrenzt. Der Hof-Verkauf war vielleicht sinnvoll, traf aber allein nicht diesen Kern. Bei Marlene wiederum kommt einem die Frage, ob es hier wirklich nur darum geht, dass Ludwig sie in die große Gesellschaft ausführt. Bräuchte sie von Ludwig nicht überhaupt etwas anderes: zum Beispiel, dass dieser einmal ausdrücklich anerkennt und ihr dankt, dass sie für ihn auf die eigene berufliche Selbstverwirklichung verzichtet hat? Und worum geht es eigentlich Annegret, wenn sie mit Martin ständig unzufrieden ist? Sicher auch um die äußere Unterstützung. Aber warum bessert sie eigentlich dauernd daran herum? Weil diese Unterstützung immer mit dem Unterton kommt: Eigentlich müsstest du doch selber damit fertig werden. Was bist du eigentlich für eine Prinzessin auf der Erbse, die nichts zustandebringt?! Diese »verdeckte Botschaft« kommt in ihrer Seele an, ohne dass sie sich dessen bewusst ist, erzeugt in ihr das Gefühl von Unzufriedenheit, und für diese findet sie dann nachträglich irgendeinen äußeren Grund, ihn zu kritisieren. »Eigentlich« sollte er aber gar nichts anderes machen, er müsste es nur in einer anderen Haltung tun, ohne Missbilligung, mit Achtung vor ihrer Person und Einfühlung für ihre Lage.

Alle Beteiligten in unseren Beispielen beachten nicht, dass hier zwei verschiedene Ebenen im Spiel sind: nämlich eine »Sachebene« und eine »Person-« oder »Beziehungsebene«. Die Sachebene ist zu Beginn unseres Märchens das Häuschen, und in unseren Beispielen alles das, was sich die Frauen von ihren Männern inhaltlich wünschen. Die »Person-« und »Beziehungsebene«, das ist die Anerkennung oder Missachtung dieses Wunsches durch die Männer, die mit der Wunscherfüllung »mitgeliefert« werden. Sicherlich reicht die Beachtung der Beziehungsebene allein manchmal nicht, dann nämlich, wenn es bei dem Wunsch um existentielle Notwendigkeiten geht. Ilsebill braucht tatsächlich auch das Häuschen, weil es im Pisspott stinkt und ekelig ist. Und Annegret braucht im Hinblick auf die beiden kleinen Kinder auch, dass der Mann anpackt, wenn er am Abend nach Hause kommt. Aber noch fundamentaler brauchen sie dazu auf der Beziehungsebene die Anerkennung und Wertschätzung ihrer Person.

Hier liegt der entscheidende Irrtum oder Fehler von Ilsebill: Sie übersieht diesen Punkt und geht über ihn hinweg. Die Unzufriedenheit, die aber trotzdem bleibt, verführt sie dann, zu meinen, sie hätte nicht genug bekommen. Dies scheint mir der Kern der Ilsebill-Dynamik zu sein: Sie nimmt eine Verschiebung vor. Was sie auf der Beziehungsebene vermisst, verschiebt sie auf die Inhaltsebene: Da ist plötzlich das Haus zu klein und muss ein Schloss werden, und aus dem Schloss ein Palast, aus König Kaiser und aus Kaiser Papst und aus dem Papst der liebe Gott. Ich glaube, dass alle Frauen in unseren Beispielen diesen Fehler machen und hier die eigentliche Ursache dafür liegt, dass sie ihre Männer herumkommandieren und an ihnen herumnörgeln.

Wie wenig die eigentlichen Bedürfnisse dabei befriedigt werden, schildert das Märchen, indem es die Geschwindigkeit, mit der sich bei Ilsebill die neuen Wünsche melden, immer mehr steigert. Vom Häuschen zum Schloss dauert es immerhin noch zwei Wochen. Der Wunsch, König zu werden, kommt ihr schon nach einer Nacht, Kaiser und Papst will sie schon unmittelbar nach der vorausgehenden Wunscherfüllung sein. Das Märchen spricht zuletzt – moralisch missbilligend – von der grenzenlosen »Gier«, der Ilsebill immer mehr verfällt. Diese Gier entsteht aus der Nichterfüllung ihrer eigentlichen Bedürfnisse nach Wertschätzung und Anerkennung: Darum müssen die Wünsche immer spektakulärer werden und das Tempo ihrer Erfüllung immer rasanter. Auf symbolische Weise wird hier psychologisch sehr genau jene Dynamik dargestellt, aus der heraus vielfältige Formen von Sucht entstehen. Die äußere Wunscherfüllung befriedigt nicht das eigentliche Bedürfnis, darum muss es immer mehr und immer mehr werden…

Außer diesem ersten entscheidenden Irrtum Ilsebills lassen sich bei ihr noch zwei weitere Irrtümer erkennen, welche die Katastrophe heraufbeschwören und die mir für die notorische Unzufriedenheit vieler Frauen ebenfalls charakteristisch erscheinen. Das Häuschen stellt die Fischersfrau nicht zufrieden – wir haben gesehen warum. Aber das führt nicht dazu, dass sie nach dem Grund fragt, sondern verleitet sie dazu, ein größeres Haus, ein Schloss haben zu wollen. Das heißt: Weil sie das Immaterielle, das in ihrem Häuschen-Wunsch mitenthalten ist, nämlich die Anerkennung der Berechtigung des Wunsches und damit ihrer Person, nicht bekommt, steigert sie das Materielle ihres Wunsches ins Unermessliche: Nach dem Häuschen muss es ein Schloss sein, nach dem Schloss ein Palast und so weiter. Sie ersetzt also das »Sein« durch »Haben«. Eine Qualität soll durch mehr Quantität ersetzt werden. Aber das »Mehr Haben« führt nicht zu »Mehr Sein«, darum steigert sie das Haben-Wollen immer mehr, bis es schließlich absurde Dimensionen annimmt. Ist dies nicht eine sehr verbreitete Dynamik? Eigentlich geht es um Anerkennung, Zuwendung, Achtung. Dadurch würde das Leben lebenswert, würde es Tiefe und Fülle bekommen. Aber weil man sie nicht bekommt und auch das Bedürfnis danach nicht richtig identifiziert, sucht man Ersatzbefriedigung in mehr Geld, mehr Komfort, eleganteren Kleidern, raffinierterem Make-up, in größerem äußerem Glanz. Damit ist man zwar mehr beschäftigt und mehr abgelenkt, aber die Seele bleibt weiterhin leer, und deshalb muss es immer noch mehr, immer noch raffinierter, immer noch aufregender zugehen, aber die innere Leere lässt sich damit immer noch nicht füllen. Der verzauberte Prinz, der im Fisch auf Erlösung wartet, wird völlig missinterpretiert: Nicht als Repräsentant einer neuen Qualität des Lebens, nach der die Seele drängt, sondern als Repräsentant endloser Steigerung der Quantität. Und offenbar rächt er sich, indem er durch sein promptes Funktionieren bei jedem neuen Wunsch diese Tendenz vollkommen ad absurdum führt.

Noch einem dritten Irrtum sitzt Ilsebill auf, einem Irrtum, der ebenfalls bei vielen Frauen in ihrer Lage zu beobachten ist. Zuerst geht es ihr um die Behausung: vom Pisspott zum gemütlichen Häuschen, vom Häuschen zum komfortablen Schloss. Das liegt in derselben Linie. Aber dann gibt es einen Sprung: Mit einem Mal will sie König werden, dann Kaiser, dann der Papst und schließlich der liebe Gott. Es geht also nicht mehr nur um Hab und Gut. Hinzu kommt der Wunsch nach Macht, und sobald diese eine Rolle spielt, gibt es kein Halten mehr – bis zum schließlichen jähen Absturz. Diese Macht spielt Ilsebill dem Fischer gegenüber sehr deutlich aus, immer unverblümter, immer härter: »So ein Blödsinn, Mann«, ruft sie beim vierten Mal, »geh schnell, ich bin der Kaiser und du bist nur mein Mann. Willst du wohl gehen!« Ihre Forderungen kommen immer schneller und härter, bis sie ihn schließlich, beim letzten Mal, sogar mit Füßen traktiert.

Auch in unseren drei Beispielen spielt Macht eine entscheidende Rolle: Hannelore bearbeitet Otto so lange, bis er den Hof verkauft. Marlene schickt ihren Ludwig herum wie einen Dienstboten, und Annegret weiß Martin gegenüber immer, was richtig ist und was er falsch macht, und reibt ihm dies kräftig unter die Nase. Ilsebill-Frauen sind Frauen, die auf den Geschmack der Macht gekommen sind, und sie spielen diese Macht offen oder versteckt ihren Männern gegenüber aus. Selbst Marlenes Migräne und Annegrets depressive Stimmungen können mit einer gewissen Berechtigung als verdeckte Machtstrategien gedeutet werden. Sie erleben sich zunächst in der ohnmächtigen Position, aber sie finden Wege, aus dieser Ohnmachtsposition heraus die Fäden in die Hand zu nehmen. Dafür eignen sich Kränklichkeiten und depressive Verstimmungen besonders gut. Denn sie verursachen beim Mach's-recht-Mann ein furchtbar schlechtes Gewissen, und über dieses schlechte Gewissen wird er bereit, seine immer wieder aufflackernden Widerstände schließlich aufzugeben und sich zu fügen.

Was hat es mit der Macht in unserem Zusammenhang auf sich? Warum bekommt sie für die Ilsebill-Frauen eine solche Faszination? Warum bedienen sie sich ihrer in oft abstoßender und maßloser Weise? Wir haben gesehen: Worum es bei der Erfüllung des Wunsches im tiefsten geht, ist die Anerkennung der Person, die innere Berührung von Mensch zu Mensch. Derjenige, der diese Anerkennung und Berührung braucht, ist in der Position des Bedürftigen, Empfangenden, und der, von dem die Anerkennung kommen soll, in der des Gebenden. Der Empfangende ist dem Gebenden gegenüber immer in einer schwächeren Position. Das macht ihn kränkbar und verletzlich, vor allem wenn der Gebende sich verweigert und nichts oder das Falsche gibt. Dadurch wird es für den Bedürftigen sehr schwer, immer wieder in die empfangende Position zu gehen. Andererseits kann er aber auf die Erfüllung so fundamentaler Bedürfnisse, wie es die Anerkennung und Wertschätzung seiner Person ist, nicht verzichten. Darum greift er hier oft zu einer verständlichen, aber verhängnisvollen Strategie: Er beginnt, den anderen zum Geben zu *zwingen.* Er verlässt damit die demütigende »schwache« und geht in eine »starke« Position: Er setzt Macht ein, um zu bekommen, was er braucht. Er versucht damit, die Zuwendung des anderen unter Kontrolle zu bringen und verfügbar zu machen. So macht es Ilsebill. Sie überrennt die Widerstände des Fischers aus einer immer machtvolleren Position, zuerst als König, dann als Kaiser, schließlich als Papst… Und ähnlich findet Marlene mit immer größerer Sicherheit die wunden Punkte Ludwigs, und so fährt Hannelore immer überzeugendere Argumente für ihre Lebensvorstellungen auf, und Annegret trifft immer genauer die Ungeschicklichkeiten ihres Mannes, wenn sie ihn wegen der Kinder kritisiert.

Diese Machtstrategien sind verhängnisvoll. Sie erreichen nämlich nicht wirklich, was sie anstreben, nämlich die Anerkennung des Partners verfügbar zu machen. Vielmehr zerstören sie noch den letzten Rest von Liebe. Denn was ist schon eine erzwungene Anerkennung wert? Sie verdient diesen Namen nicht, weil sie keine Anerkennung sondern Unterwerfung ist. Sie führt genau zu dem, was der Fischer auch tatsächlich macht: er geht hin, beklagt sich beim Fisch über seine Frau, jammert und schimpft über sie. Keine Spur mehr von Anerkennung, sobald sie aus seinem Blickfeld verschwunden ist. Des Fischers bewundernde Ausrufe – »Wie schön, dass du König (Kaiser, Papst) bist…« – haben viel mehr mit seinem eigenen ungeklärten Verhältnis zu Besitz und Macht zu tun als mit Wertschätzung und Bewunderung ihrer Person. Das wird auch daran deutlich, dass der Fischer jedesmal gleich den Satz anfügt: »So soll es bleiben.« Es geht ihm also lediglich darum, Ilsebill endlich ruhig zu stellen und nicht um ihre Anerkennung. Natürlich spürt sie das, und darum tut sie von neuem, was ihr bisher wenigstens irgendetwas gebracht hat: Sie setzt wieder ihre Macht ein und versucht, das Geschehen noch vollständiger unter Kontrolle zu bringen.

Das ist der Teufelskreis der Macht, die Liebe erzwingen will. Sie schafft dies nicht und muss darum verstärkt werden, aber je mehr sie verstärkt wird, desto weiter weg gerät sie von der Liebe – und schlägt schließlich in Hass um: »Da geriet die Frau in Wut. Die Haare flogen ihr wild um den Kopf, sie riss sich das Mieder auf, trat ihn mit Füßen und schrie.« Hier zeitigt der dritte Irrtum Ilsebills seine traurige letzte Konsequenz!

Wir erinnern uns, wo das Ganze begonnen hat: Bei der harmlos klingenden Frage des Fischers: »Was soll ich da nochmals hingehen?« Hier hat Ilsebill nicht gemerkt oder nicht ernst genommen, was geschah, und damit verschob sie ihre Bedürfnisse auf die »Sachebene«, und hier wechselte sie vom »ohnmächtigen« Anmelden der Bedürftigkeit zum Gebrauch der Macht. Immer dann, wenn Machtspiele in Paarbeziehungen eine zentrale Rolle spielen, lohnt es sich zu fragen: Wo in der Geschichte des Paares war die Stelle, wo die Liebe so verletzt wurde, dass einer oder beide meinten, sie müssten die Macht zu Hilfe nehmen, um sie zu retten? An diese Stelle muss man zurück, denn nur so kann der schreckliche Teufelskreis aufgelöst werden.

Die Geschichte zeichnet – in diesem Licht gelesen – kurz vor dem Schluss ein erschütterndes Bild von Ilsebill: Als sie das im Weltbild des Märchens Höchste überhaupt, das Papsttum, erreicht hat und von Lakaien, Soldaten, Grafen und Herzögen, von Geistlichen, Königen und Kaisern und vom ganzen Volk umgeben ist, die sie alle verehren, ihr zu Diensten sind und zu ihr aufschauen, heißt es: »Da saß sie nun, ganz steif wie ein Baum und rührte und regte sich nicht.« Auf dem Gipfel angekommen, gibt sie ein Bild schrecklicher Einsamkeit und Sinnlosigkeit ab. Des Fischers Kommentar dazu: »Frau, nun sei zufrieden. Jetzt kannst du doch nichts mehr werden« zeigt auf drastische Weise, wie weit die beiden inzwischen voneinander entfernt sind. Den darauf folgenden Hassausbruch Ilsebills kann man darum auch als Ausdruck letzter Verzweiflung sehen, den der Fischer natürlich genauso wenig verstehen kann und auf den er sich wieder nicht anders bezieht, als durch neuerliche Unterwerfung. Darum muss Ilsebill mit ihrem letzten Wunsch, zu sein wie Gott, noch bis zum bitteren Ende gehen, damit der ganze Spuk in sich zusammenfällt und sie wieder in ihrem Pisspott landet, aus dem sie freilich – im psychischen Sinn – nie wirklich herausgekommen ist.

6. Partnerwahl und Beziehungsmuster

Als er (der Fischer) aber zu Hause ankam, stand da ein großer steinerner Palast. Seine Frau stand auf der Treppe und wollte eben hineingehen, da nahm sie ihn bei der Hand und sagte: »Komm nur herein.« ... »Na«, sagte die Frau, »ist das nicht schön?« – »Ach ja«, sagte der Mann, »so soll es auch bleiben. Jetzt wollen wir in diesem schönen Schloss wohnen und zufrieden sein.« – »Das wollen wir uns überlegen«, sagte die Frau. »Wir wollen es mal überschlafen.« Darauf gingen sie zu Bett.

Am anderen Morgen wachte die Frau zuerst auf und sah von ihrem Bett aus das herrliche Land vor sich liegen.

Da stieß sie ihren Mann mit den Ellbogen in die Seite und sagte: » Mann, steh auf und guck einmal aus dem Fenster! Sag, können wir nicht König werden über das ganze Land? Geh hin zum Butt und sag, wir wollen König sein.« – »Ach, Frau«, sagte der Mann, »was wollen wir König sein? Das mag ich ihm nicht sagen.« – »Warum nicht?« fragte die Frau. »Geh schnell hin. Ich muss König sein!« Da ging der Mann und war ganz betrübt, dass seine Frau König werden wollte. »Das ist nicht recht, das ist nicht recht«, dachte der Mann. Er wollte nicht gehen, ging aber doch.

Nach den vorausgehenden Überlegungen haben Sie diesen Abschnitt zweifellos anders gelesen als beim ersten Mal. Nachdem wir die Beziehung der beiden Hauptfiguren des Märchens einmal aus der Perspektive des Fischers und einmal aus der Perspektive Ilsebills betrachtet haben, lässt sich das, was wohl auch die Aussage-Absicht des Erzählers ist, dass nämlich Ilsebills Gier die Ursache allen Unglücks ist, nicht mehr aufrecht erhalten. Inzwischen ist deutlich geworden, was häufig bei Paaren der Fall ist: Der Fischer wirkt daran kräftig mit, beide wirken also gleichermaßen zusammen, bis sie sich am Schluss im Pisspott wiederfinden.

Immer wieder fragt man sich, warum sich Frauen und Männer, die sich aus Liebe zusammengetan haben, um miteinander das Leben zu erobern und glücklich zu werden, so destruktiv verhalten. »Kann denn ein Blinder einem Blinden den Weg weisen? Werden sie nicht alle beide in die Grube fallen?« fragt Jesus in der Bergpredigt (Lukas 6,39). An dieses Wort erinnern mich solche Paare immer wieder. Sie wirken wie blinde Blindenführer, die sich miteinander in die Grube manövrieren. Warum ist das so? Welche destruktiven Kräfte sind hier in Menschen am Werk, die doch nichts anderes als glücklich sein wollen? Ich will versuchen, das Dunkel ein wenig zu lichten.

Häufig wird Liebenden im Laufe der Zeit gerade das zum Verhängnis, was sie am Anfang besonders aneinander angezogen hat. Das erklärt freilich noch nichts, sondern ist eher ein neues Rätsel. Aber wenn wir versuchen, uns das am Beispiel von Ilsebill und ihrem Mann genauer anzusehen, beginnen wir, mehr zu verstehen. Dabei lässt uns freilich das Märchen im Stich, es berichtet nichts von der ersten Zeit dieser Beziehung. Im Lichte unserer Kenntnisse über die Entwicklung von Paarbeziehungen kann man aber rekonstruieren, was die beiden aneinander fasziniert und bewogen haben mag, sich zusammenzutun, und daraus wiederum wird verständlich, wie und warum sie sich gerade in dieses Konfliktmuster »ewig unzufriedene Frau – immer bemühter Mann« verwickelt haben.

Der Fischer-Mann ist ein ruhiger Kerl (»Er angelte und

angelte … er saß und saß…«): Er ist nach innen gekehrt, introvertiert. Vom Innenleben solcher Männer erfährt man nicht viel. Außer dass sie eine freundliche Ausstrahlung haben, zeigen sie wenig von sich. Das aber bringt es mit sich, dass man alles Mögliche in sie hineinsehen und in sie hineininterpretieren kann. Sie wehren sich nicht dagegen, wie sie sich überhaupt wenig äußern. Sie haben auch keinen Anlass dazu, weil sie sich geschmeichelt fühlen, wenn sie zum Beispiel von so einer lebendigen Ilsebill-Frau hören, wie angenehm diese ihre Ruhe empfinden. »Wie eine Oase in der Wüste« oder »eine einsame Insel im Strom«. Die Ilsebill-Frau sucht das gerade, sie ist nämlich ganz anders geartet: aktiv, nach außen gerichtet, extravertiert, von ihren Gefühlen hin und her gerissen. Dabei hat sie manchmal Mühe, den Überblick zu bewahren. So sieht sie in der Ruhe des Fischer-Manns Souveränität, Festigkeit, Tiefe, Wissen, wo es lang geht, und vor allem: verlässliche Zuwendung. Ob dieser darüber wirklich verfügt, das ist die Frage, aber da er selber über sich nicht so genau Bescheid weiß, lässt er es sich gefallen, dass sie das in ihm sieht, und findet es sogar toll, weil es ihn aufwertet. Und sie ist ja so beweglich, lebendig, einfallsreich. Das bringt den Fischer-Mann zwar zuweilen auch etwas durcheinander und lässt ihn außer Atem kommen, aber es tut ihm andererseits auch unendlich gut, dass eine solche Frau ihn interessant findet und Farbe in sein Leben bringt. In beiden entsteht eine wunderbare Vision ihres Lebens zu zweit: Sie wird von ihm Tiefe und Verlässlichkeit bekommen, er von ihr Lebendigkeit und Kontakt. Für ihn wird das Leben durch sie bunt werden, für sie wird das Leben durch ihn eine feste Basis erhalten. Ist das nicht sehr verheißungsvoll?

Solche Visionen am Anfang einer Beziehung können etwas äußerst Wertvolles sein. Sie leuchten wie Leitsterne über dem weiteren Weg des Paares und geben Orientierung und Ermutigung in schwierigen Zeiten. Aber sie sind auch eine große Gefahr. Oft enthalten sie Täuschungen und Illusionen über den anderen und sich selbst, und das läuft darauf hinaus, dass die Partner sich schließlich voneinander getäuscht und betrogen fühlen. Hier wird eine Tatsache aktuell, die uns die Psychologie von C. G. Jung besonders eindringlich nahegebracht hat: Das Leben besteht aus Polaritäten. Jede unserer Eigenschaften enthält auch ihr Gegenteil in sich. Sie hat eine »andere Seite«, einen Schatten, der zu ihr dazugehört. Und je ausgeprägter die Eigenschaft, desto stärker auch ihr Schatten. Die Ruhe des introvertierten Fischer-Manns ist die eine Seite. Was ihm meist nicht so bewusst ist, was auf jeden Fall die Ilsebill-Frau nicht sieht, ist die Schattenseite dieser Ruhe: Oft verdeckt sie eine Menge Ängste, Unsicherheiten und die Unfähigkeit zum Selbstausdruck, zur Expressivität. Sie hat nicht viel mit Ruhe zu tun, sondern ist eher eine Art Totstellreflex vor zu viel Ansprüchlichkeiten von außen. Ähnlich ist es mit seiner Zuverlässigkeit, die sie zunächst als konstante Zuwendung erlebt: Deren »Schattenseite« ist die Anpassung, das Bemühen, beim anderen einen guten Eindruck zu machen und auf keinen Fall anzuecken. Und umgekehrt: Im Schatten von Ilsebills Extraversion liegt oft eine große innere Heimatlosigkeit. In ihrer Lebendigkeit steckt ein guter Teil unruhigen Suchens danach, irgendwo »landen« zu können, von jemandem wirklich gemeint zu sein. Darin verbirgt sie ihr sehnsüchtiges Ausschauen nach einem, der ihr wirklich begegnen und sie innerlich berühren könnte; und ihre Spritzigkeit ist teilweise aus der Angst geboren, eventuell als langweilig und nicht liebenswert zu erscheinen.

In der Zeit der Verliebtheit bleiben die Schattenseiten verborgen. Jeder lässt sie nur zu gerne von den Lichtseiten des anderen überstrahlen. Weil jeder es so sehr braucht für sich, sieht der Fischer-Mann nur die Lebendigkeit der Ilsebill-Frau, und diese nur seine Ruhe und Zuverlässigkeit. So kann es tatsächlich zu einer Art Täuschung kommen: Denn im Laufe einer länger dauernden Beziehung kommen auch die Schatten ans Licht. Spätestens wenn der schon erwähnte »Dritte« in irgendeiner Gestalt auftaucht und die Zweisamkeit stört, indem er beim einen oder anderen Partner neue (oder auch alte) Bedürfnisse weckt, wird so manches, worüber man beim Partner bisher hinweggesehen hat, deutlich sichtbar. Damit haben beide nicht gerechnet, und sie sind enttäuscht. Diese Enttäuschung bewirkt dann manchmal ein radikales Umkippen: Des Fischers Ruhe erscheint der Frau dann *nur* noch als Unbeweglichkeit, Mangel an Phantasie und Vermeidung von Auseinandersetzung. Sein Bemühen, sie zufriedenzustellen, kommt bei ihr *nur* noch als Vorwand an, die eigene Haut zu retten und sie ruhigzustellen. Von der »Tiefe« und der »liebevollen Bezogenheit« scheint keine Spur mehr vorhanden zu sein. Und umgekehrt: Ilsebills Beweglichkeit, ihre Träume und Phantasien von einem besseren Leben, die zunächst so belebend auf den Fischer-Mann gewirkt haben, werden für diesen immer mehr zur störenden Unruhe, bohrenden Unzufriedenheit und zerstörerischen Gier.

Wenn die Verliebtheit vorübergegangen ist und die Schatten sichtbar werden, dann neigen wir dazu, das Kind mit dem Bad auszuschütten: Wir sehen dann am anderen nur mehr die Schattenseiten und nicht mehr das Potential, das auch noch vorhanden ist. Des Fischers Ruhe ist ganz gewiss nicht nur Fassade, ebensowenig wie Ilsebills Lebendigkeit nur unruhige Gier. In der unglücklichen Verstrickung der beiden jedoch sehen sie dann nur noch die Schattenseiten des anderen, genauso einseitig, wie sie früher nur die Lichtseiten gesehen haben. Da sie ihre Wahrnehmung für Realität halten, nehmen sie das einander noch zusätzlich übel, weil es ihnen so erscheint, als hätte der andere etwas vorgetäuscht und sie bewusst betrogen.

Was Ilsebill so dringend bräuchte, nämlich jemanden, der sie als Person wirklich meint, der ihr als Person wirklich begegnet, gerade das scheint ihr ausgerechnet der Fischer nun auf keinen Fall geben zu können. Denn weil sie so in ihn dringt, richtet er seine innere Aufmerksamkeit immer mehr darauf, sich vor ihr zu schützen, nicht zu viel von sich preiszugeben und ihre ausufernde Bedürftigkeit im Zaum zu halten. Und ebenso beim Fischer: Was er von Ilsebill erhofft hat, nämlich, dass sie ihn belebt und ein für allemal aus seinem Introversions-Schneckenhaus herausholt und in die Welt hineinführt, das bekommt auch er je länger um so weniger von ihr, weil ihm ihre Lebendigkeit immer mehr als drängende Unruhe erscheint, mit der sie ihn herumkommandiert und an ihm herumkritisiert.

Dass beide, nachdem sie sich anfangs nur strahlend gesehen haben, jetzt so schwarz sehen, hat noch einen zusätzlichen Grund: Das geschilderte Muster wird leicht zu einem Teufelskreis, der sich selbst verstärkt. Je weniger der Fischer auf das wirkliche Bedürfnis seiner Frau, gesehen zu werden, eingeht, desto bedürftiger fühlt sich Ilsebill. Je bedürftiger sie sich fühlt, desto mehr dringt sie – auf der falschen, der Sach-Ebene – auf die Erfüllung ihrer Wünsche. Je mehr sie auf die Erfüllung ihrer Wünsche dringt, desto mehr entzieht sich der Fischer als Person, auch wenn er äußerlich ihren Willen tut. Bald geht er nur noch unter Zwang zum Butt und nicht, weil ihm an Ilsebills Bedürftigkeit gelegen wäre. Das aber spürt Ilsebill ganz deutlich, und so sieht sie sich veranlasst, noch ausgefallenere Wünsche zu äußern und auf ihre Erfüllung schließlich mit Fußtritten zu dringen. Der schließliche Wunsch, wie Gott zu sein, den das Märchen als luziferischen Übermut interpretiert, ist psychologisch gesehen der Ausdruck absoluter Verzweiflung und Sinnlosigkeit, in die dieses Muster – konsequent zu Ende gelebt – schließlich mündet.

Nochmals: Ilsebill ist in ihrer Person keineswegs *nur* die bis ins Groteske Bedürftige und der Fischer keineswegs *nur* der angepasste und an seiner Frau in Wirklichkeit desinteressierte Schwächling. Aber im Zusammenspiel ihrer Beziehung manövrieren sie sich immer mehr in diese extremen und einander feindseligen Positionen hinein. Alles, was sie sonst noch sind, scheint von diesem Teufelskreis absorbiert zu werden. In diesem Sinn kann eine Paarbeziehung tatsächlich vorwiegend destruktiv werden, weil die Partner darin nicht mehr gegenseitig ihr Potential fördern, sondern sich wechselseitig auf ihre Schatten fixieren und ihre Persönlichkeit darauf reduzieren. Wenn es in einem solchen Fall nicht gelingt – zum Beispiel in einer Beratung oder Therapie – den Teufelskreis zu durchbrechen, kann eine Trennung unausweichlich werden.

Keineswegs freilich spielt sich das Muster immer so dramatisch ab. Das Märchen überzeichnet den Ablauf drastisch. Wenn wir allerdings die Beispiele im vorigen Kapitel betrachten, dann sehen wir an dem Bauern-Ehepaar Hannelore und Otto, dass ähnlich eskalierende Prozesse durchaus auch vorkommen und dass daran immer wieder Familien zerbrechen und ganze Betriebe im wirtschaftlichen Ruin enden können. Meistens aber läuft es ähnlich wie bei Marlene und Ludwig oder Annegret und Martin: Der Teufelskreis eskaliert nicht so stark oder nur kurzzeitig. Man pendelt sich auf niedrigerem Niveau auf das Muster ein: Die Frau ist unzufrieden, fordert und kritisiert, der Mann tut, was die Frau will, passt sich äußerlich an und distanziert sich innerlich. Das gibt ein gewisses Gleichgewicht »wunschlosen Unglücks«, das sich ertragen lässt. Keinem geht es dabei wirklich gut, aber man lebt damit. Es gibt ja auch Möglichkeiten zu kompensieren: Die Frau zieht sich in eine Kinder- und Mütterwelt zurück, in welcher der Mann unerwünscht ist, und dieser stürzt sich in die Arbeit, macht »notwendige« Geschäftsreisen oder Überstunden oder verbringt, »um fit zu bleiben«, seine Freizeit im Fußball- oder Tennisclub. Das ermöglicht die nötige Distanz, um die immer wieder aufkeimenden Eskalationen zu mildern. Freilich verändert es die

Dynamik nicht, vielmehr wird diese sogar »chronifiziert«. Denn der große Eklat, wenn er denn einträte, hätte den Vorteil, dem Ganzen ein, wenn auch bitteres, Ende zu setzen. Bleibt er aber aus, kann das Spiel noch jahrzehntelang weiter gespielt werden.

Das eigentliche Problem bei all dem ist, dass Partner oft zu viel voneinander erwarten. Die Vision des Anfangs zeigt wohl, welche Themen in ihrer Beziehung angesprochen sind und wozu sie sich gegenseitig anregen oder herausfordern können. Aber sie wird häufig in dem Sinne missverstanden, dass sie schon Wirklichkeit wäre, wenn sie im Verliebtheitserlebnis erscheinen. Die Ruhe und Verlässlichkeit des Fischers können auf dem Weg der Selbstfindung Ilsebills sehr wichtig sein, denn sie zeigen, was Ilsebill an Festigkeit braucht und in sich selber entwickeln muss, aber der Fischer wird diese Eigenschaften niemals in ihr »bewirken« können. Und Ilsebill kann für den Fischer eine große Herausforderung sein, vom einsamen Strand seines Ichs aufzubrechen und sich auf das Leben einzulassen, aber sie kann Lebendigkeit in ihm nicht erzeugen. Das sind Erlösungserwartungen aneinander, mit denen wir scheitern müssen. Leider aber richten sich derartige Hoffnungen heute bei immer mehr Menschen gerade auf die Liebesbeziehung zwischen Mann und Frau. Früher heiratete man, weil es nötig war fürs Überleben. Das war das primäre Ziel von Ehe und Familie, auf dem Bauernhof genauso wie im Handwerksbetrieb oder am Fürstenhof, und es war ein handgreifliches Ziel. Alles andere war dem gegenüber sekundär. Dieser Grund hat aber heute im Zeitalter der Überbevölkerung einerseits, der sozialen Sicherheit und des Wohlstandes andererseits, kaum noch Bedeutung. Darum verlagert sich die Motivation, miteinander das Leben zu teilen, immer mehr in den Bereich der individuellen »Selbstverwirklichung«. Das ist ein unvermeidlicher und unumkehrbarer Prozess. Aber wir müssen uns sehr kritisch damit auseinandersetzen, in welchem Sinn Ehe und

Paarbeziehung der Selbstverwirklichung dienen können. Sicherlich nicht so, dass die Liebe des einen die persönlichen Defizite des anderen auszugleichen imstande wäre. Dieser Anspruch überfordert die Partnerliebe und macht sie zu einer Ausbeutungsbeziehung.

In einer auf Dauer angelegten Paarbeziehung werden die Lebensthemen der Partner besonders deutlich. Der Fischer wird mit seiner introvertierten Wunschlosigkeit konfrontiert, Ilsebill dagegen mit ihrer existenziellen Unzufriedenheit mit sich selber. Der Selbstverwirklichung kann eine Liebesbeziehung nur in dem Sinn dienen, dass jeder der Partner sich dieser Herausforderung stellt, wohl den Partner zu unterstützen bereit ist und von diesem Unterstützung erwarten darf, aber sich für sich und seine Problematik selber verantwortlich weiß.

7. Aussteigen aus dem Muster

Möglicherweise ist jetzt etwas mehr Licht in das Dunkel gekommen. Aber – so werden Sie vor allem fragen, wenn Sie sich und Ihre Partnerschaft in Teilen wiedererkannt haben – nützt das Sehen schon etwas? Haben Sie nicht schon oft erlebt, dass Sie sich gegenseitig sehenden Auges – und keineswegs als »blinde Blindenführer« – in die Grube manövriert haben? Trotz dieser Erfahrung, die auch ich aus eigenem Erleben kenne, behaupte ich, dass das Sehen doch manchmal nützt. Wenn Sie ernst nehmen, was Sie wahrgenommen haben, dann haben Sie die Unschuld der Unbewusstheit verloren, dann kann Sie das Muster nicht mehr so überrumpeln, kann sich nicht mehr so »automatisch« einstellen wie bisher. Insofern schafft das Sehen zwischen Ihnen und dem destruktiven Verhalten eine gewisse Distanz. Wenn Sie sehr aufmerksam sind, kann das genau der Moment werden, in dem Sie den Fuß in den Spalt der Tür bringen, um den gewohnten Ablauf zu unterbrechen.

Allerdings muss Ihnen dann auch eine konkrete Verhaltensalternative zur Verfügung stehen. Sonst ist das Sehen allein doch zu wenig. Der gelernte und gewohnte Ablauf ist nämlich dann stärker als die Einsicht. Beziehungen sind ja auch Lernprozesse. Wir haben bestimmte Reaktionsketten jahrelang trainiert, sie sind zur Gewohnheit geworden. Wir müssen sie uns darum auch regelrecht »abtrainieren« und neue Gewohnheiten »antrainieren«. Das muss zur Einsicht noch dazukommen: Das Wissen um Alternativen und das Einüben von Alternativen. Ich sage das im Blick sowohl auf jene, die es bei der Einsicht belassen wollen, in dem Glauben, dass sich daraus schon das entsprechende Verhalten ergeben wird. Ich sage das aber auch im Blick auf die gegenteilige Position. Viele meinen ja, dass eine Beziehung eben ist, wie sie ist, so dass man Verwicklungen nehmen müsse wie Naturereignisse: entweder über sich ergehen lassen oder weiträumig umgehen. Aushalten oder vermeiden – das ist bei Beziehungen sicher nicht die richtige Methode, denn sowohl das eine wie das andere hat schon viele Menschen unglücklich oder krank gemacht.

Ich meine, man kann in Beziehungen konstruktives Verhalten auch lernen und sich selbst damit schlechte Beziehungsgewohnheiten abgewöhnen. Ich möchte in diesem Abschnitt anhand unseres Märchentextes ein paar ganz praktische Hinweise geben, wie es aussehen könnte, aus dem destruktiven Muster auszusteigen. Dabei bin ich mir bewusst, dass nicht für jeden Einzelfall passen wird, was auf den folgenden Seiten zu lesen ist. »Transfer-Arbeit« ist also nötig! Auch wird das Gesagte manchmal allein noch nicht ausreichen, nämlich dann, wenn es nötig ist, die Wurzeln des Beziehungsteufelskreises in die Herkunftsfamilien der Partner zurückzuverfolgen, ein Unternehmen, dem wir uns im zehnten Kapitel widmen werden.

Wenn Teufelskreise im Beziehungsablauf wirksam unterbrochen werden sollen, dann gibt es dafür eine Grundregel, die es vor jeder Einzelmaßnahme zu beachten gilt: Je früher man »aussteigt«, desto größer ist die Chance, dass das negative Muster überwunden oder wenigstens eine Eskalation vermieden wird. Je weiter jedoch der Teufelskreis in seiner Spirale fortgeschritten ist, desto schwieriger wird es, und zwar für beide, auszusteigen, selbst wenn sie nichts sehnlicher wünschen als das. Das innere Gesetz des Ablaufs gewinnt dann die Oberhand über das Wollen der Beteiligten. Die beiden werden von dem, was sie inszeniert haben, überrollt. Es ist, als ob sie nur noch Mitspieler wären und die Regie einer anderen, mächtigeren Instanz übergeben hätten.

Insofern ist die immer unerbittlicher ablaufende Szenenfolge der Erzählung und das immer schneller werdende Tempo eine genaue Wiedergabe des subjektiven Erlebens der Beteiligten. Immer wieder höre ich, wie sehr diese daran leiden, dass sie sich wider ihr besseres Wissen und Wollen in diese Situation immer mehr verwickeln. Die Ilsebill-Frau, die daran denkt, zu welcher Furie sie ihrem Mann gegenüber geworden ist, mag sich selber nicht mehr, und der Fischer-Mann könnte sich selber prügeln, wenn er daran denkt, wie feig er sich wieder bloß angepasst hat, obwohl das Gegenteil sein Vorsatz war. Dennoch ist es beim nächsten Mal wieder genau dasselbe: Ab einem gewissen Zeitpunkt gibt es kein Halten mehr. Sie wird wieder zur Furie und er wieder zum Feigling.

Die Folgerung aus dieser Erfahrung lautet: Initiis obsta! Wehre den Anfängen! Diese Aufforderung, oft in repressiver Absicht zur Eindämmung von Lebendigkeit und gesunder Impulsivität eingesetzt, hat hier ihre volle Berechtigung. Am Anfang kannst du dem Ganzen noch eine gute Wendung geben! Am Anfang ist der Prozess noch steuerbar! Aus diesem Grund betrachten wir im folgenden noch einmal den Anfang des Märchens, und nur den Anfang. Von der Szene an, in der Ilsebill zum König geworden ist, scheint die Sache gelaufen. Von da an gibt es kein Zurück mehr. Denn hier hat die Auseinandersetzung jenen Punkt erreicht, ab dem sie kaum noch zu beeinflussen ist. Es bleibt dann nur noch die Möglichkeit, das Ganze abzubrechen, zu vertagen und den Schauplatz des Geschehens zu verlassen. Alles andere führt nur von neuem wieder in die Eskalation hinein. Meist aber klappt das Vertagen nicht, weil die Stimmung schon so aufgeheizt ist, dass einer von beiden den einseitigen Abbruch des Gesprächs als Affront erlebt und darum umso intensiver weitermacht. Darum bleibt mehr oder weniger nur das eine: »Initiis obsta!« Wie das konkret aussehen könnte, darüber sollen die folgenden »Variationen« Auskunft geben.

Diese »Variationen« stellen Alternativen zum Ablauf der ersten Interaktionen zwischen Ilsebill und ihrem Mann dar. Den Märchentext auf diese Weise zu »verbessern«, ist unter literarischen Aspekten ein problematisches Unterfangen. Diejenigen meiner Leser-/innen, die an dem Märchen literarisch interessiert sind, bitte ich darum um Nachsicht und sage zu meiner Entschuldigung: Ich will das Märchen auch gar nicht verbessern. Ich nehme es in diesem Zusammenhang als die Darstellung eines bestimmten problematischen Beziehungsmodells, und an dessen Abwandlung soll etwas über konstruktive Partner-Interaktion gelernt werden. Am Anfang steht darum jeweils der unveränderte Märchentext und nach einer kurzen Analyse folgt die jeweilige Alternative.

Variation 1 – Die Welt des Partners erkunden

»Mann«, sagte die Frau, »hast du heute nichts gefangen?« – »Nein«, sagte der Fischer, »ich habe einen Butt gefangen. Der sagte aber, er sei ein verwunschener Prinz, da hab ich ihn wieder schwimmen lassen.« – »Hast du dir denn nichts gewünscht?« fragte die Frau. »Nein«, sagte der Mann, »was sollte ich mir wünschen?«

»Ach«, rief die Frau, »das ist doch schlimm, wenn wir hier immer in dem alten Pisspott wohnen müssen. Da stinkt es, und es ist so eklig.«

Hier werden die ersten Weichen gestellt. Der Mann äußert deutlich, dass die Begegnung mit dem verwunschenen Fisch-Prinzen bei ihm nichts weiter ausgelöst hat als Abwehr. Er habe selbst keinerlei Wünsche. Ilsebill geht darüber hinweg und setzt dem einfach ihre eigenen Bedürfnisse entgegen. Das ist eigentlich ihr allererster Fehler. Denn kann jemand ein Ohr für die Wünsche des anderen haben, der selber keine hat oder zu haben meint? Welche Alternative hätte Ilsebill gehabt, um erst gar nicht in den Teufelskreis, der sich dann entwickelt, einzusteigen?

Ilsebill: Mann, hast du heute nichts gefangen?

Fischer: Nein. Ich habe einen Butt gefangen. Der sagte aber, er sei ein verwunschener Prinz, da hab ich ihn wieder schwimmen lassen.

Ilsebill: Hast du dir denn nichts gewünscht?

Fischer: Was sollte ich mir wünschen?

Ilsebill: Gibt es denn nichts in unserm Leben, womit du unzufrieden bist? Hast du denn gar keine Wünsche?

In meiner Variation also bezieht sich Ilsebill ausdrücklich auf die »Wunschlosigkeit« des Fischers und macht sie zum Thema. Gut möglich, dass das nicht gleich weitergeführt hätte. Fischer sind manchmal harte Knochen. Dennoch wäre das eine Chance gewesen. Genau an dieser Stelle müsste die erste Auseinandersetzung erfolgen. Denn kann es sein, dass dem Fischer der Pisspott gar nichts ausmacht? Und kann einer der Partner restlos zufrieden sein, wenn der andere leidet? Das müsste Ilsebill zu denken geben, das müsste mindestens ihr Interesse wecken, die Innenwelt ihres Mannes näher zu erforschen. Darum wäre es hier angezeigt, statt darüber hinwegzugehen und bei den eigenen Anliegen weiterzumachen, zuerst einmal zu fragen, wie denn der andere die Situation überhaupt sieht und bewertet: »Wie steht es mit deinen Wünschen? Macht dir denn unsere Wohnsituation nichts aus? Wie gehst du damit um, dass ich hier so unglücklich bin?« So oder ähnlich müsste Ilsebill fragen. Meiner Erfahrung nach achten Partner auf diesen Punkt viel zu wenig. Sie gehen viel zu rasch über die Anzeichen hinweg, dass im Weltbild des Partners die Dinge möglicherweise recht anders liegen, und beachten nicht, dass wenig Chance besteht, sich mit ihm zu einigen, wenn man nicht zuvor eine grundlegende ähnliche Sichtweise erreicht hat.

Vielleicht müsste Ilsebill beharrlich und lange Zeit auf ihren Fragen bestehen, weil sie nicht gleich eine klare Antwort bekommen würde. Aber solche Fragen könnten des Fischers Selbstwahrnehmung schärfen. Würde er hinter seiner Selbstzufriedenheit dann vielleicht auch Wünsche und Sehnsüchte entdecken, könnte das auch sein Interesse am verwunschenen Prinzen wecken, und das wäre eine gute Voraussetzung, auch Verständnis für den Wunsch seiner Frau aufzubringen. Frauen haben manchmal den Eindruck, ihre Männer würden gar nichts fühlen. Denn jedesmal, wenn sie danach fragen, kommt Fehlanzeige. Das heißt aber in den seltensten Fällen, dass tatsächlich keine Gefühle und Bedürfnisse vorhanden sind. Diese sind durchaus da, und oft kennen sie die Männer sogar sehr genau. Aber der Weg von innen nach außen ist so weit. Männern fällt es häufig sehr schwer, ihr Innenleben in Worte zu fassen, und deshalb versuchen sie es gar nicht und verleugnen es lieber. Das verführt Frauen dazu, einfach darüber hinwegzugehen und zu meinen, der Mann würde die Dinge schon irgendwie ähnlich sehen und ihrem Anliegen zustimmen. Hinterher wundern sie sich dann, wenn sich herausstellt, dass er sich sperrt oder aus reiner Anpassung handelt und sie damit unterläuft. Intensives Nachfragen und beharrliches Bestehen auf einer klaren Antwort könnte hier weiterhelfen – und wäre zudem für die Männer eine große Hilfe zur Selbsterforschung, vorausgesetzt sie würden es nicht zum Anlass nehmen, sich vollends hinter trotzigem Schweigen zu verbarrikadieren.

Selbst dann aber, wenn das beim Fischer so wäre und er blockieren würde, oder wenn sich herausstellte, dass er wirklich »wunschlos« wäre, hätte das Nachfragen Ilsebills seinen Sinn. Denn mindestens eines würde sich dadurch herausstellen: Dass es bei einer so anderen Einstellung ihres Gatten wenig erfolgversprechend wäre, ihn mit ihrem Wunsch zum Butt zu schicken. Denn wenn er den Wunsch nicht versteht, nicht akzeptiert und nicht dahintersteht, dann wird daraus genau das werden, was die Geschichte erzählt. Um dies zu verhindern, bliebe nur eines, und das wäre nicht das Schlechteste: Ilsebill müsste sich auf die eigenen Beine stellen und einen eigenen Weg finden, ihren Pisspott loszuwerden. Für die Ilsebill der Geschichte wäre das aufgrund ihrer Stellung als Frau in der damaligen Gesellschaft wahrscheinlich schwer bis unmöglich gewesen. Für heutige Ilsebills ist es manchmal auch sehr schwer, aber in den wenigsten Fällen unmöglich. Was es unmöglich macht, ist häufig nicht die Realität, sondern sind die inneren Hemmungen und Ängste davor, das eigene Schicksal selber in die Hand zu nehmen.

Variation 2 – Den anderen spiegeln

»Ach«, rief die Frau, »das ist doch schlimm, wenn wir hier immer in dem alten Pisspott wohnen müssen. Da stinkt es, und es ist so eklig. Du hättest uns doch ein hübsches Häuschen wünschen können. Geh noch einmal an die See, rufe den Butt und sag ihm, wir wollen ein kleines Häuschen haben. Der tut das bestimmt.«

»Ach«, sagte der Mann, »was soll ich da noch hingehen?«

Wir gehen im Märchentext weiter, nehmen also an, dass Ilsebill die eben vorgeschlagene Alternative nicht gefunden hat. Auch jetzt noch wäre eine Wende möglich und nun hätte es der Fischer in der Hand. Freilich würde es nur dann gelingen, wenn er bereit und imstande wäre, die Bedürfnisse seiner Frau wahr- und ernstzunehmen. Dann könnte sich die Szene vielleicht so abspielen:

Ilsebill: »Das ist doch schlimm, wenn wir hier immer in dem alten Pisspott wohnen müssen, da stinkt es und es ist so eklig. Du hättest uns doch ein hübsches Häuschen wünschen können…«

Fischer: »Einen Moment mal! Was hast du gesagt? Dass es übel ist, hier zu wohnen, und dass dir das stinkt? Heißt das, dass du dich hier unwohl fühlst, dass du hier leidest? Und heißt das, dass du hier nicht mehr wohnen möchtest?«

Der Fischer geht also in dieser Variation nicht wie im Märchen einfach hin und erfüllt – äußerlich – ihren Wunsch. Vielmehr hält er zunächst inne und bezieht sich als erstes auf die Befindlichkeit seiner Frau. Er tut ihr Empfinden also nicht einfach ab, sondern befasst sich nun seinerseits mit der Sichtweise und der Innenwelt seiner Frau. Dabei beachtet er in unserer Variation zwei in der Kommunikation sehr hilfreiche Dinge, auf die wir jetzt unser Augenmerk legen: erstens »spiegelt« er, was er als Gefühl und Bedürfnis der Frau spürt, und zweitens fragt er nach, ob er ihr Anliegen auch getroffen hat. Er bedient sich damit einer Sprache, die allerdings in der Regel Frauen eher liegt als Männern. Er redet nicht »positional«, setzt seine Position nicht einfach gegen die seiner Frau, sondern bedient sich einer »relationalen«, einer bezogenen Sprache. Er geht auf die Frau ein, spiegelt ihre Gefühle wider und fragt nach. Das gibt dem Gesprächspartner das Gefühl, vom anderen verstanden zu werden und eröffnet ihm die Möglichkeit, sich dessen, was er gesagt hat, noch deutlicher bewusst zu werden. Dieses Vorgehen vermittelt dem anderen unausgesprochen die Botschaft: Du bist wichtig, deine Anliegen sind es wert, dass man sich mit ihnen befasst. Und schließlich: gespiegelt zu werden, ist überhaupt das ursprünglichste Bedürfnis von Menschen. Ein Kind kommt dadurch zu sich selber und lernt sich als wertvoll zu erachten, dass es sich am Anfang seines Lebens im Spiegel der Reaktion von Vater und Mutter als etwas Erfreuliches und Wertvolles erlebt. Dadurch fühlt es sich gemeint, erwünscht und geschätzt.

Der Fischer im Märchen, so haben wir gesehen, frustriert seine Frau in diesem fundamentalen Bedürfnis, der Fischer in unserer zweiten Variation bezieht sich darauf – und das wäre das allerwichtigste, das er für einen guten Fortgang des Geschehens beitragen könnte.

Variation 3 – Konstruktive Aggression (1)

»Ach«, rief die Frau, »das ist doch schlimm, wenn wir hier immer in dem alten Pisspott wohnen müssen. Da stinkt es und es ist so eklig. Du hättest uns doch ein hübsches Häuschen wünschen können. Geh noch einmal an die See, rufe den Butt und sag ihm, wir wollen ein kleines Häuschen haben. Der tut das bestimmt.« – »Ach«, sagte der Mann, »was soll ich da noch hingehen?«

»Ei«, sagte die Frau, »du hast ihn doch gefangen und hast ihn wieder schwimmen lassen, der tut das bestimmt. Geh gleich hin!«

Wir gehen wieder ein Stückchen weiter im Text und nehmen an, dass auch die eben besprochene Gelegenheit verpasst worden wäre. Der Fischer spiegelt also nicht die Bedürfnisse seiner Frau, vielmehr übergeht er diese und setzt »positional« seine Unlust, hinzugehen, dagegen. Auch von diesem Zeitpunkt ab hätte es vielleicht noch eine Wende geben können. Im Märchen nimmt nun Ilsebill ihrerseits die Unmutsäußerung des Mannes nicht ernst, sondern fährt einfach fort, ihn zum Butt zu schicken, so als hätte er sich gar nicht abwehrend geäußert. Das sollte man nie tun. Daraus entstehen nur Machtkampf und Rangelei. Ilsebill hätte es auch anders machen können, nämlich vielleicht so:

Fischer: »Ach, was soll ich da hingehen?«
Ilsebill: »He, sag mal, hast du eigentlich gehört, was ich ge-

sagt habe? Hier in diesem Pisspott stinkt es mir. Ich halt es da nicht mehr aus. Ich will da raus! Hast du das gehört?«

Was ich bei Frauen in der Lage Ilsebills oft erlebe, ist dies: sie haben ihren Mann schon öfter so erlebt wie den Fischer: unsensibel für ihre Bedürfnisse und eingeschlossen in seiner eigenen Welt. Aber statt deutlicher zu werden, statt sich unmissverständlich hörbar zu machen, fangen sie an zu klagen, zu argumentieren, viele Worte zu machen. Die Männer passen sich dann – äußerlich – irgendwie an, schalten aber innerlich auf Durchzug. Das führt dann dazu, dass sich die Frauen über ihre eigentlichen Anliegen gar nicht mehr äußern, weil »er dafür ohnehin unzugänglich ist«. Oft fallen dann die Männer aus allen Wolken, wenn sie zum Beispiel in der Therapiestunde hören, was sie alles von ihren Frauen nicht wissen und nicht erfahren haben. Jetzt erst, da der Therapeut nachbohrt, dranbleibt und Unterstützung gibt, bricht es aus den Frauen heraus. Die Männer sind dann ganz erschüttert und sagen: »Ja warum hast du mir denn das nicht schon früher gesagt?« Für Beziehungsdinge haben Männer in der Regel nur eine geringere Wahrnehmungsfähigkeit. Frauen müssen lernen, sich hier deutlicher zu artikulieren, sonst werden sie nicht gehört!

Was die Ilsebill in unserer dritten Version sagt, ist zweifellos ganz schön aggressiv. Vermeiden viele Frauen deshalb, sich so nachdrücklich zu artikulieren, weil es aggressiv sein könnte? Es gibt allerdings sehr viel destruktive Aggression in Paarbeziehungen. Unsere Geschichte ist ja selbst ein Beispiel dafür: Ilsebill wird immer drängender und wütender, und der Fischer wird – wobei er sich nicht durchsetzt – immer abwehrender. Die beiden zeigen hier die Grundformen möglicher Aggression: Ilsebill die »Durchsetzungs-Aggression«, und der Fischer die »Abgrenzungs-Aggression«. Dass es negativ herauskommt, liegt aber nicht an der Aggression als solcher. Beide Formen, die Durchsetzungs-Aggression und die Abgrenzungs-Aggression, können destruktiv *und* konstruktiv sein.

In unserem Zusammenhang geht es zunächst um die Durchsetzungs-Aggression. Diese ist an sich nicht nur nicht negativ, sondern lebensnotwendig. Der erste Schrei, den ein Baby von sich gibt, wenn es auf die Welt kommt, ist offensichtlich ein solcher Schrei der Aggression. Das Baby – ausgestoßen aus dem Mutterschoß – fühlt sich unbehaglich in der kalten Welt. Darum schreit es ärgerlich – und macht damit unüberhörbar auf sich aufmerksam: »Hier bin ich, jetzt kümmert euch gefälligst um mich!« Daran wird der ursprünglichste Sinn von Aggression deutlich: auf sich aufmerksam zu machen, sich zu behaupten und – Kontakt zur Umwelt aufzunehmen. Aggression macht mich als Person deutlich und stellt Kontakt her! Durch Aggression komme ich aus mir heraus und berühre den oder die anderen! Darum ist sie für eine Beziehung unerlässlich – allerdings kommt es darauf an, *wie* sie zum Ausdruck gebracht wird, und daran entscheidet sich, ob sie konstruktiv bleibt oder destruktiv wird.

Die Ilsebill des Märchens sagt: »Du hast ihn doch gefangen und wieder schwimmen lassen. Der tut das bestimmt. Geh gleich hin!« Das klingt ja eigentlich noch gar nicht destruktiv, ja nicht einmal sehr aggressiv. Dennoch enthält diese »Durchsetzungs-Aggression« schon den Keim der negativen Entwicklung in sich, die später in Wut und Gewalt umschlägt. Denn Ilsebill bleibt nicht bei sich, verliert den Kontakt mit sich selber, fängt an zu argumentieren und zu drängeln. Außerdem wertet sie den Fischer dabei unausgesprochen ab: Sie geht nämlich über seinen Widerstand einfach hinweg und bezieht sich mit keinem Wort darauf. Demgegenüber klingt die Äußerung Ilsebills in unserer dritten Variation zwar einerseits aggressiver: »He, sag mal, hast du eigentlich gehört, was ich gesagt habe? Hier in diesem Pisspott stinkt es mir. Ich halte es da nicht mehr aus. Ich will da raus! Hast du das gehört?« Aber andererseits macht sie damit wirklich *sich* deutlich und ihr Bedürfnis so unmissverständlich klar, dass es wohl auch dem hartgesottensten Fischer schwer werden dürfte, darüber einfach hinwegzugehen. Außerdem nimmt sie den Fischer auf diese Weise viel ernster. Sie nimmt nämlich jetzt ausdrücklich Bezug auf seinen Widerstand und setzt diesem noch einmal klar ihr Wollen entgegen. Das aber sind genau die Kennzeichen konstruktiver Durchsetzungs-Aggression: Sich selbst und seine Bedürfnisse – in »Ich-Botschaften« – unmissverständlich klar zu machen und den anderen dabei nicht abzuwerten. Meist ist diese Form von Aggression auch im Effekt viel wirkungsvoller, als den anderen mit scheinbaren »Sach«-Argumenten und »Du-Botschaften« (»Geh gleich hin!«) zu drängeln. Die Voraussetzung dazu ist freilich, dass Ilsebill sich selbst wichtig nimmt, und das wäre auch die Gewähr dafür, dass sich ihre Wünsche nicht auf Äußerlichkeiten verschieben und inflationär würden.

Variation 4 – Konstruktive Aggression (2)

Ich springe jetzt zur nächsten Szene, in der Ilsebill sich das Schloss wünscht. Hier gerät ihr Wünschen eindeutig »aus den Fugen«, so dass für den Fischer die Notwendigkeit eklatant wird, jetzt auch auf der »Sach-Ebene« nicht mehr mitzumachen. Hier hätte es nochmals eine – späte – Chance gegeben, die Weichen in eine positive Richtung zu stellen.

»Hör, Mann, das Häuschen ist auch gar zu eng und Hof und Garten doch zu klein. Der Butt hätte uns wohl auch ein größeres Haus schenken können. Ich möchte in einem großen steinernen Schloss wohnen. Geh zum Butt, er soll uns ein Schloss schenken.«

»Ach, Frau«, sagte der Mann, »das Häuschen ist doch gut genug. Wozu brauchen wir ein Schloss?«

»Ach was«, sagte die Frau, »geh nur hin, der Butt wird das schon tun.« – »Nein, Frau«, sagte der Mann, »der Butt hat uns eben erst das schöne Häuschen gegeben. Ich mag nicht schon wieder kommen. Das könnte den Butt verdrießen.«

»Geh nur«, sagte die Frau, »der Butt kann das schon und wird es gerne tun. Geh!« Dem Mann wurde das Herz ganz schwer, und er wollte nicht; er sagte zu sich selbst: »Das ist nicht recht!«, ging aber doch.

In diesem Abschnitt geht es nun um die andere Form der Aggression, die ich erwähnt habe, die »Abgrenzungs-Aggression«. Auch diese ist in Beziehungen von größter Wichtigkeit. Es geht dabei ebenfalls um die Verdeutlichung der eigenen Person, aber nun nicht in dem Sinn, die eigenen Interessen durchzusetzen, sondern das eigene Ich vor Grenzüberschreitungen des anderen zu schützen. Auch diese Form der Aggression brauchen wir in unserem Zusammenleben nötig, und auch die Abgrenzungs-Aggression kann sich destruktiv und konstruktiv äußern. Zweifellos versucht der Fischer, sich in unserem Abschnitt abzugrenzen, und zweifellos hat er damit recht. Aber schon im ersten seiner Sätze »Das Häuschen ist doch gut genug…« wird deutlich, woran es liegt, dass er damit nicht wirksam wird: Der Fischer argumentiert auf der Sachebene gegen die Wünsche seiner Frau und macht damit natürlich überhaupt keinen Eindruck auf sie. Dann – im zweiten Satz »Ich mag nicht schon wieder kommen…« – greift er als Verstärkung zu dem Argument, es könnte den Butt verärgern. Das ist allerdings ein stärkeres Argument nur für *ihn,* der sich's nach keiner Seite hin verderben will, bei seiner Frau kommt er damit noch weniger an. Was er in beiden Fällen vermeidet, ist wiederum: sich ganz persönlich ins Spiel zu bringen. Damit sitzt er nun in der Falle: Er weiß, dass es nicht recht ist, und er »muss« trotzdem hingehen. Wie könnte dem gegenüber konstruktive – und wirkungsvolle – Abgrenzungs-Aggression aussehen?

Ilsebill: »... Ich möchte in einem großen steinernen Schloss wohnen. Geh zum Butt, er soll uns ein Schloss schenken!«

Fischer: »Du hör mal. Jetzt stimmt aber irgendetwas nicht mehr. Ich bin sicher: Das Haus ist nicht zu klein für uns. Ein Schloss kommt für mich nicht in Frage. Was ist mit dir los? Wie kommst du nur auf diese Idee? Ich verstehe dich nicht. Lass uns darüber reden, ich muss dich erst verstehen können, bevor ich bereit bin, irgendetwas zu tun!«

Manchmal ist in einer Beziehung, wenn ich mich um das Verstehen des anderen ausreichend bemüht habe, auch die »positionale Sprache« nötig und hilfreich. Hier zum Beispiel haben wir eine solche Situation. Der Fischer stellt sich hin – Ilsebill direkt gegenüber – und bezieht eindeutig Position: Nicht mit mir, bevor wir nicht Grundsätzliches geklärt haben! Das klingt sehr anders als die klagenden Fragen des Fischers im Märchentext (»Wozu brauchen wir ein Schloss?«). Der Fischer in unserer Variation lässt an seiner Entschiedenheit keinen Zweifel. Es ist wie bei der konstruktiven Durchsetzungs-Aggression: Der andere wird nicht abgewertet, es werden keine sachlichen Schein-Argumente ins Feld geführt, das Zentrale ist die Person selbst, die hinsteht und ein klares »Halt!« signalisiert.

Dies zu können, setzt allerdings voraus, dass ich auch wirklich weiß, was ich will. Sollte es so sein, wie wir am Anfang vermutet haben, dass nämlich der in den Fisch verwandelte Prinz als Repräsentant versteckter Wünsche und Sehnsüchte aus dem Unbewussten des Fischers selbst aufgetaucht ist, dieser das aber nicht wahrhaben wollte, wäre es freilich kein Wunder, dass er diesen klaren Standpunkt nicht beziehen kann. Er trüge ja den »Feind«, der solcher

Art klare Äußerungen durchkreuzen müsste, in der eigenen Seele.

Abgrenzungs-Aggression einzusetzen heißt allerdings nicht, jedenfalls zunächst nicht, zum anderen alle Brücken abzubrechen. Im Gegenteil: Nachdem die Grenze klar gezogen ist, stellt der Fischer in unserer Variation wieder eine Verbindung her: »Ich verstehe dich nicht. Was ist mir dir los? Lass uns darüber reden!« Er lässt einerseits keinen Zweifel an seinem Standpunkt und macht gleichzeitig das Angebot eines Gesprächs über das, was in Ilsebill inzwischen vorgegangen ist. Ich stelle immer wieder fest, dass eine solche Art, miteinander umzugehen, Frauen wie Männern, aber Männern besonders, recht fern liegt. Entweder die Abgrenzung fällt überhart und abwertend aus und jede Verbindung wird abgebrochen. Oder aber man vermeidet die Abgrenzung aus eben dieser Angst, dass dadurch die Verbindung zerstört werden könnte. Die Kunst würde darin bestehen, beides miteinander zu verbinden: »Das ist mein Standpunkt und meine Grenze. Und von da aus kann ich und möchte ich wieder Verbindung zu dir aufnehmen! Lass uns sehen, wo wir wieder zueinander finden können!«

Warum fällt es vor allem Männern so schwer, in dieser Weise Frauen gegenüberzutreten? Wenn diese unzufrieden werden, klagen oder gar weinen, scheinen sie für die Männer zu übermächtigen Müttern zu werden, vor deren Gefühlsausbrüchen sie sich wie kleine Jungen verkrümeln, oder denen sie sich unterwerfen, auch wenn es vollständig gegen ihre Überzeugung geht. Das heißt: Der Mann legt das Bild seiner Mutter auf die Frau und aktiviert in seinem Verhalten ihr gegenüber auch jene Abwehrstrategien, deren er sich der Mutter gegenüber bedient hat. Wenn er die Beziehung zu dieser Mutter nicht geklärt hat und ihr gegenüber in einer Mischung aus Unterwerfung und trotziger Rebellion verharrt, überträgt er genau dieses Muster dann auch auf die Lebenspartnerin. Das führt zu jener Art »verdruckster« Beziehung, die bei vielen Männern ihren Frauen gegenüber festzustellen ist und genau die ungelöste Mutterbindung widerspiegelt, in der sie noch immer gefangen sind: Einerseits sind sie verschlossen und lassen die Frau nicht an sich heran, anderseits klammern sie sich an ihr fest und lassen sie nicht los.

Variation 5 – Die Beziehung riskieren

Nehmen wir nun als eine letzte Variation an, Ilsebill wäre tatsächlich hart geblieben und hätte weiterhin das Schloss verlangt:

»Geh nur«, sagte die Frau, »Der Butt kann das schon und wird es gerne tun. Geh!« Dem Mann wurde das Herz ganz schwer, und er wollte nicht.

Er sagte zu sich selbst: »Das ist nicht recht!«, ging aber doch.

Würde der Fischer seiner Überzeugung und damit seiner Abgrenzung treu bleiben, müsste er sich an dieser Stelle endgültig verweigern. Vielleicht könnte er es mit folgenden Worten tun:

»Ich verstehe nicht, was dein Anliegen wirklich ist. Um das Schloss werde ich nicht bitten. Ich bin jederzeit zum Gespräch bereit, aber hingehen werde ich nicht!«

Kein Zweifel: Auch diese Abgrenzungs-Aggression ist nicht abwertend und auch nicht ausweichend, also konstruktiv. Dennoch ist sie hart und unbedingt. Man kann damit unter Umständen heraufbeschwören, dass die Beziehung an einer solchen Stelle zerbricht. Der andere könnte als Konsequenz einen Schlussstrich ziehen. Freilich passiert dies tatsächlich viel seltener, als es befürchtet wird. Dennoch sitzt uns die

Angst davor schwer im Nacken, und darum neigen wir dazu, solche Eindeutigkeit zu vermeiden. Möglicherweise werden hier uralte Bestrafungsängste aus einer Zeit wach, da wir als Kinder noch vollständig von den Eltern abhängig waren. Der Abbruch der Beziehung damals wäre tatsächlich tödlich für uns gewesen. Das steckt so tief in uns, dass wir noch heute solche Bedrohungen zu vermeiden suchen, indem wir Zugeständnisse machen oder undeutlich werden. Wir korrumpieren uns dann lieber und nehmen – wie der Fischer im Märchen – in Kauf, doch zu tun, was »nicht recht ist«, oder fangen an, den Partner auszutricksen, indem wir nicht offen, sondern hinter seinem Rücken für uns und unsere Bedürfnisse sorgen.

Ich möchte hier nicht missverstanden werden: Sich in dieser Weise, wie ich es in der fünften Variation zeige, von der Partnerin abzugrenzen, ist etwas völlig anderes als die vom Märchen indirekt geäußerte Forderung, den Übermut der Frauen nicht ins Kraut schießen zu lassen. Denn diese Forderung wird in der Geschichte auf dem Hintergrund des patriarchalen Machtgefälles zwischen Mann und Frau erhoben: Der Mann als das Haupt der Frau muss dafür sorgen, dass diese in der rechten Ordnung bleibt und nicht aufmüpfig wird. Hier geht es aber um etwas völlig anderes: Wenn ich den Fischer in meiner letzten Variation sagen lasse: »Ich verstehe nicht, was dein Anliegen wirklich ist. Um das Schloss werde ich nicht bitten. Ich bin jederzeit zum Gespräch bereit, aber hingehen werde ich nicht!« – dann spricht er nicht aus einer überlegenen, sondern aus einer gleichwertigen Position, und er entwertet damit Ilsebill nicht, sondern bringt nur sich und seinen Standpunkt für den anderen unübersehbar zur Geltung. Das heißt: Der Fischer in der fünften Variation verteidigt lediglich seine Autonomie, weil diese sonst Schaden leiden müsste. Dies ist etwas völlig anderes, als sich in eine überlegene und den anderen in eine unterlegene Position zu bringen.

Allerdings ist hier die Stelle, wo Autonomie und Bindung zwischen Partnern tatsächlich in einen unauflöslichen Widerspruch geraten können, so dass die Beziehung daran scheitert. Wenn dies tatsächlich so ist, kann Trennung der einzige Ausweg und damit auch eine echte Lösung sein. In den meisten Fällen ist diese letzte Konsequenz aber eine bloße Angstphantasie. Denn eine derart unerbittliche Abgrenzung erzeugt in der Regel wohl einen schweren Konflikt, und der Konflikt schafft Distanz. Diese Distanz aber kann der Beziehung oft sogar gut tun. Denn sie klärt die Grenzen neu, die eigenen sowohl wie die des Partners, und sie schafft auf diese Weise Raum für neue Begegnung. Das Paradox lautet: Damit eine Paarbeziehung immer wieder lebendig wird, müssen wir sie immer wieder riskieren. Hätte der Fischer das getan, hätte er ihr eine neue Chance gegeben. Der Teufelskreis wäre also auch hier noch auflösbar gewesen und hätte einer günstigeren Entwicklung Platz machen können.

8. *Begegnung wagen*

Im vorherigen Kapitel ging es darum, wie der Fischer und seine Frau aus dem Teufelskreis aussteigen könnten. Es ging also um die Kommunikation. Da es aber immer Personen sind, die kommunizieren, genügt dafür nicht bloß die Aneignung bestimmter Techniken, die man lernen kann wie zum Beispiel das Maschineschreiben. Vielmehr muss bei diesem Lernen die Person selber innerlich wachsen und reifen, damit sie auf Dauer so kommunizieren kann, wie ich es in den vorausgehenden »Variationen« modellhaft geschildert habe. Dieses Wachsen und Reifen der Person möchte ich in diesem und im folgenden Kapitel deutlich machen: Welche Entwicklungsschritte müssten der Fischer-Mann und die Ilsebill-Frau tun, damit sie ihr destruktives Beziehungsmuster endgültig überwinden könnten?

Vor kurzem erzählte mir ein Freund von einem Herbsturlaub zusammen mit seiner Frau auf einer einsamen Hütte hoch oben in den Bergen. Er wollte sich damit einen langgehegten Traum erfüllen, aber es wurde eine Enttäuschung, weil seine Frau nach ein paar Tagen hohes Fieber bekam und so schwer erkrankte, dass sie unter schwierigen Umständen ins Tal transportiert und behandelt werden musste. »Kein Wunder, dass sie krank geworden ist!«, meinte er. »Obwohl sie eh so erkältungsanfällig ist, hat sie verlangt, dass wir nachts alle Türen und Fenster aufmachten – bei der Kälte da oben!« – »Ja aber warum denn?« fragte ich. »Sie bildete sich ein, dass die Bretter der Hütte mit irgendeinem schädlichen Mittel imprägniert wären, obwohl ich sehen konnte, dass sie unbehandelt waren.« »Und was hast du gemacht?« fragte ich. »Na, ich hab halt alles aufgerissen, hab mich in sämtliche vorhandenen Kleidungsstücke gewickelt und ihr prophezeit, wie das enden wird.« – »Und wieso hast du einfach getan, was sie wollte?« »… weil sie, weil sie … ja sie wollte es halt unbedingt so, und ich, ich … mir hat die Kälte ja nichts ausgemacht!«

Hier haben wir es wieder mit einem freundlichen, fürsorglichen Menschen zu tun, der alles so macht, wie es sich seine Frau von ihm wünscht. Am Ende wird allerdings ebenfalls wieder deutlich, wie destruktiv diese Haltung wirklich war. Sie hatte nichts mit Liebe zu tun, sie war vielmehr Rückzug von der Frau und Flucht vor echter Begegnung mit ihr. Wenn der Fischer immer wieder zum Butt geht, wenn mein Freund die Fenster aufreißt und alles übrige, was die Ottos, Ludwigs und Martins unserer Beispiele für ihre Frauen tun, all diese Anstrengungen haben eines gemeinsam: Sie werden unternommen, um echte Begegnung zu vermeiden. Genau das aber ist es, so haben wir gesehen, wozu der Fischer-Mann fähig werden müsste: zu einer echten Begegnung mit der Frau.

Um diese Fähigkeit zu entwickeln, müsste er allerdings mehrere Schritte machen. Einer davon wäre: Er müsste sein Bild von sich selber, dass er nämlich ein freundlicher, hilfsbereiter, ja liebevoller Mensch ist, verabschieden. In Wahrheit ist er in seinem Bemühen, es den Frauen recht zu machen, nicht freundlich, hilfreich und liebevoll, sondern voller Angst, von ihr dominiert zu werden, und deshalb voller Aggressionen gegen sie. Das zeigt sich schlagartig am Beispiel meines Freundes, der seine Frau, indem er alles so macht, wie sie es will, ins offene Messer laufen lässt.

Unter der angepassten Freundlichkeit der Fischer-Männer steckt oft große Angst vor der Frau und Aggression gegen sie. Sich das einzugestehen, müsste kein demütigendes Schuldbekenntnis sein. Denn diese Gefühle haben ihre berechtigten Gründe, vielleicht nicht hier in der Gegenwart, auf jeden Fall aber in der Vergangenheit des Fischer-Mannes. Diesen Ursprüngen nachzuspüren, wäre ein weiterer Schritt in der Entwicklung seiner Begegnungsfähigkeit, und wir werden im zehnten Kapitel noch einige Überlegungen anstellen, die hilfreich sein können, nach diesen Wurzeln zu forschen.

Würde der Fischer-Mann sich in dieser Weise von seiner Fassade ab- und seiner wahren Persönlichkeit zuwenden, würde er noch weitere neue Seiten daran entdecken, zum Beispiel seine Stärken, zum Beispiel seine wahren Bedürfnisse und Wünsche. Mein Freund ist ein bergkundiger Mann. Er kennt sich mit Holz, mit Hütten und mit dem Wetter in den Bergen aus. Außerdem weiß er um die gesundheitliche Konstitution seiner Frau. Wie hoch schätzt er eigentlich diese Kompetenz ein, wenn er diametral dagegen handelt, nur weil seine Frau es wünscht? Warum bringt er sein Wissen nicht ein? Warum enthält er es seiner Frau vor? Ich bin sicher, unter anderen Umständen würde er es nicht tun. Wenn er mit Kollegen unterwegs wäre, würde er es selbstverständlich zu Geltung bringen. Warum versteckt er es, sobald er mit seiner Frau zusammen ist? Und welche Bedeutung misst er seinem eigenen dringenden Wunsch und Bedürfnis bei, einen ungetrübten Urlaub zu verbringen? Fallen diese nicht ins Gewicht? Auch die müsste er lernen, ernst zu nehmen und der Frau gegenüber einzubringen.

Echte Begegnung setzt voraus, dass ich mein Eigenes kenne, ernst nehme und vertrete. Dann kann Berührung stattfinden. Damit will ich nicht bestreiten, dass es um des andern willen manchmal notwendig ist, auf etwas zu verzichten. Aber dieser Verzicht stimmt nur dann, wenn ich meine eigenen inneren Tendenzen, Wünsche und Bedürfnisse kenne und anerkenne. Ansonsten wird der Verzicht zu einem Bumerang, der zerstörerisch auf den Partner und die Beziehung zurückfällt. Fischer-Männer sind für ihre Partnerinnen wie eine Nebelwand, die man nicht greifen und spüren kann, die einem aber die Sicht verstellen und orientierungslos werden lassen.

Schritte in die Richtung zu machen, sich selber in seinen Gefühlen, Bedürfnissen, Stärken und Schwächen besser kennen und ernst nehmen zu lernen, das wäre wesentliche Voraussetzung für jene zwei grundlegenden Formen, in denen Begegnung stattfindet: einerseits sich selber zu vertreten und damit für den anderen prägnant und deutlich zu werden, und andererseits aber auch ganz von sich selber absehen und sich einfühlsam auf den anderen einlassen zu können.

Begegnung bedeutet also einmal: den anderen mit dem, was ich selber bin, berühren, mich ihm zeigen, mich ihm gegenüber vertreten. Dies ist etwas völlig anderes, als ein »Hahn-auf-dem-Mist-Gehabe«. Imponiergesten sind sogar das genaue Gegenteil von dem, was hier gemeint ist. Denn wenn Männer sich ihrer bedienen, verdecken und kompensieren sie damit gerade innere Unsicherheiten und Mangel an Selbstwahrnehmung. Es geht nicht um Imponiergehabe, es geht um etwas sehr Einfaches und zugleich sehr Schweres: Ihr, der Frau, in die Augen zu schauen, mich zu öffnen und zu zeigen, wer ich bin, wie ich fühle und was ich brauche! Das ist etwas ganz anderes, als meine Anliegen verschlüsselt vor mich hin zu murmeln und dabei den Blick abzuwenden. Mir fällt auf, dass viele Männer, wenn sie mit ihren Frauen sprechen, den Blickkontakt vermeiden und zu Boden, in die Luft oder an ihrer Partnerin vorbei schauen. An diesem scheuen Blick wird deutlich: Sie wagen nicht, sich ihr zu zeigen.

Vor kurzem hörte ich von einem Mann, der von seiner Firma in den Vorruhestand verabschiedet wurde. Er wünschte sich zu diesem Anlass von seinem Arbeitgeber als Abschiedsgeschenk ein schönes Schmuckstück – für seine Frau. Er wollte ihr damit seinen tiefen Dank zum Ausdruck bringen, den er empfand, wenn er an die vielen Jahre dachte, in denen sie ihn bedingungslos unterstützt hatte. Und was tat der gute Mann? Er brachte es nicht fertig, vor sie hinzutreten, sie in den Arm zu nehmen, ihr ein liebes Wort zu sagen und das Schmuckstück zu überreichen. Nein, er legte es wortlos auf den Küchentisch und verschwand…

Woher kommt diese Scheu der Männer ihren Frauen gegenüber? Seit das Zeitalter des Patriarchats zu Ende gegangen ist, steht uns der Schutz der überlegenen Männer-Rolle nicht mehr so selbstverständlich zur Verfügung. Wir werden deshalb auf frühe Ohnmachts- und Unterlegenheitserfahrungen unserer Kindheit zurückgeworfen. Viele Männer müssen es erst mühsam lernen, dass sie auch im nahen Kontakt mit ihren Frauen keine kleinen Jungen mehr sind, sondern gleichwertige erwachsene Partner. Das zu realisieren, braucht »learning by doing«. Wir können es nur erfahren, indem wir es tun: Indem wir solch direkter Begegnung nicht ausweichen, sondern sie suchen und ihr standhalten. Für die Begegnung meines Freundes mit seiner Frau könnte das vielleicht so aussehen: »Ich verstehe deine Angst vor Holzschutzmitteln. Aber ich bin sicher: Die Bretter hier sind nicht behandelt. Es wird in der Nacht bitter kalt, ich habe Angst, dass du krank wirst. Dann ist unser Urlaub kaputt, und das fände ich sehr schade. Ich habe mich so darauf gefreut. Ich bitte dich dringend: Lassen wir die Fenster zu!« So oder ähnlich könnte es aussehen, wenn er sich zeigen würde – und damit könnte Begegnung geschehen!

Besteht aber bei dieser Betonung der Notwendigkeit, die eigene Person deutlich zu machen, nicht die Gefahr, egoistisch an den eigenen Bedürfnissen hängen zu bleiben und nicht mehr den Weg zum anderen zu finden? Es ist ein großer Unterschied, ob man in sich selbst eingeschlossen ist wie der Fischer und darum kein Ohr für den anderen hat, oder ob man gelernt hat, sich selbst in der beschriebenen Weise zu vertreten. Egoisten sind in der Regel von der ersten, nicht von der zweiten Sorte: Sie kennen sich nicht wirklich und haben keinen Kontakt mit ihrer Seele und ihrem Herzen. Sich auf eine gute Weise selber im Gegenüber zum anderen zu vertreten, ist kein Egoismus, sondern Selbstachtung. Diese Haltung steht nicht im Gegensatz zur anderen Seite der Begegnung, von der wir gesprochen haben, nämlich zur Fähigkeit, sich in die Partnerin und ihre Welt hineinzuversetzen und aus ihrer Perspektive die Dinge zu betrachten und zu fühlen oder wenigstens nachzufühlen, worum es ihr wirklich geht. Nur wer auf dem Weg ist, sich selbst zu erkennen und anzuerkennen, hat die Kraft, vorübergehend auch ganz von sich abzusehen und ganz auf den anderen einzugehen. Diese Einfühlung ist es, die dem tiefsten Wunsch der Ilsebill-Frau entspricht und die sie manchmal brauchen würden, um selbst ihre wahren Anliegen ganz zu entdecken. Wir haben gesehen: Der einzelne Wunsch auf der »Sachebene« ist oft gar nicht das, worum es wirklich geht. Dahinter liegt ein tieferes und wesentlicheres Bedürfnis. Möglicherweise hat die Angst der Frau meines Freundes vor schädlichen Umwelteinflüssen mindestens auch damit zu tun, dass sie sich allgemein ungeschützt fühlt und in der Beziehung die emotionale Sicherheit vermisst. Sich solchen Möglichkeiten überhaupt zu öffnen, den Versuch zu wagen, sich – fragend und »spiegelnd« – dorthin vorzutasten und sich im gemeinsamen Gespräch damit ernsthaft zu befassen – darin würde sich, was wir »Begegnung« nennen, vollenden.

9. *Zu sich selber stehen*

Nachdem wir vom Lebensthema des Fischer-Mannes gesprochen haben, richten wir nun den Blick auf die Frau und fragen: Worum geht es denn vor allem bei ihr, was muss sie in ihrer Persönlichkeit entwickeln, um ihren Anteil am destruktiven Zusammenspiel der beiden zurücknehmen zu können? Ilsebill zeigt sich ja sehr ichbezogen, und im Laufe der Handlung scheint sie immer egoistischer zu werden. Geht es also darum, ihren Egoismus zu überwinden? Ja, darum geht es, denn am Ende ist sie ganz und gar in sich selbst gefangen: »Sie aber saß ganz steif wie ein Baum und rührte und regte sich nicht.« Aber der Egoismus ist nicht die Wurzel. Im Gegenteil: In Wirklichkeit nimmt auch sie, wie der Fischer, nur auf andere Weise, ihr Ego, ihr Ich, viel zu wenig wichtig. Mit ihren Wünschen geht sie vielmehr über sich selbst und das, was sie braucht, ständig hinweg, je unmäßiger diese werden, um so rücksichtsloser.

Das ist zunächst nicht so deutlich. Denn natürlich kommt der Wunsch nach dem Häuschen anstelle des stinkenden Pisspotts noch aus einem echten Bedürfnis. Genauso steckt in unseren Beispielen in Hannelores Wunsch, vom Hof wegzukommen, ein echtes Bedürfnis, und Annegret wiederum braucht ganz real die Unterstützung ihres Mannes bei der Versorgung der Kinder. Aber in all diesen Anliegen steckt, wie uns deutlich geworden ist, ein noch zentraleres Bedürfnis, das von diesen Frauen zwar dunkel gespürt wird, über das sie aber alle hinweggehen: das Bedürfnis, als Person, die diese Wünsche hat, vom Partner akzeptiert zu sein und von diesem dafür nicht entwertet zu werden. Die wichtigste

Aufgabe Ilsebills wäre also, zu lernen, dieses noch zentralere Bedürfnis wahrzunehmen, es wichtig zu nehmen und es zu verteidigen. Dann würde sie sich wirklich auf das beziehen, was der Fisch ihr gewähren kann: Er ist ja der Prinz, und als solcher könnte er auch die Würde der Person symbolisieren, die in Ilsebills Wünschen angesprochen und respektiert werden möchte. Was das bedeuten könnte, dazu im folgenden einige Gedanken.

Als erstes geht es für Ilsebill darum, dass sie lernt, dieses tiefste Person-Bedürfnis nach Anerkennung und Achtung in sich überhaupt wahrzunehmen. Geschieht dies nicht, so haben wir gesehen, erzeugt es jene diffuse Unzufriedenheit, welche die Wünsche ins Unermessliche steigert, auf die falschen Bereiche, nach außen, verlagert und zur Sucht werden lässt. Durch Kauforgien, Alkohol, übermäßiges Essen, zwanghaftes Putzen und dergleichen soll die innere Unruhe zum Schweigen gebracht werden. Aber sie meldet sich immer wieder, weil das Bedürfnis, in seinem Selbst wahrgenommen und angenommen zu sein, so zentral ist, dass es sich nicht mit Ersatzbefriedigungen stillen lässt.

Aber wenn Frauen dieses Bedürfnis, in ihrem Personkern erkannt und anerkannt zu sein, von ihrem Lebenspartner erfüllt bekommen wollen, überfordern sie ihn da nicht total? Erwarten sie da nicht etwas von ihm, das sie eigentlich als Kinder von ihren Müttern und Vätern hätten erfahren sollen? Zweifellos ist es so, dass Lebenspartner Defizite, die wir aus der Kindheit mitbringen, nicht einfach ausgleichen können. Aber ob und in welchem Ausmaß der Partner derartige Person-Bedürfnisse erfüllen kann oder nicht, darauf kommt es in unserem Zusammenhang hier noch gar nicht an. Wesentlich ist zunächst, dass Ilsebill *merkt,* was ihr wichtigstes und zentrales Anliegen in all ihren Wünschen ist, und realisiert, dass dieses weder durch ein Haus, noch ein Schloss, noch durch den Glanz von König-, Kaiser- oder Papsttum zu erfüllen ist. Kleider, Schmuck, Kosmetika,

Drogen, Parties, Sex-Appeal oder eine blitzblanke Super-Wohnung schaffen es nicht. Zu begreifen, dass es sinnlos ist, das Bedürfnis nach Achtung und Würdigung der eigenen Person auf diese Weise stillen zu wollen, das wäre der erste Schritt.

Der nächste Schritt in der Entwicklung Ilsebills wäre dann, dieses Bedürfnis zu bejahen und seine Berechtigung anzuerkennen. Dass Hannelore für Otto die erste sein will, dass Marlene ihren Verzicht auf Selbstverwirklichung von Ludwig anerkannt wissen möchte und dass Annegret von Martin Einfühlung in ihre Not mit ihrer Mutterrolle verlangt, das sind zutiefst berechtigte Bedürfnisse. Frauen werten sich hier sehr oft selber ab, der Vorwurf der Unersättlichkeit klingt in ihren Ohren. Sie sagen dann zu sich selbst: »Nun hab dich doch nicht so«, schimpfen sich selbst als überempfindlich, ehrenkäsig und nachtragend. Diese Selbstabwertung ist aber genau jene innere Strategie, mit der sie die Verschiebung auf die Ilsebill'sche Suchtdynamik vorbereiten. Denn die Bedürfnisse, um die es hier geht, sind so zentral mit unserem Personkern verbunden, dass sie sich nicht einfach herunterspielen lassen. Sie gehen dann in den seelischen Untergrund und werden destruktiv – beispielsweise in der Entwicklung einer der erwähnten Suchtvarianten. Es kränkt vielleicht die eigene Eitelkeit, sich eingestehen zu müssen, so wesenhaft bedürftig zu sein, und zu sagen: Ja, ich brauche diese Anerkennung wirklich; ja, ich komme ohne die Bestätigung meiner Person durch meinen Partner nicht aus. Und noch schmerzlicher wird es für Ilsebill, wenn sie dann vielleicht erkennt: Mein Partner ist nicht der Mann, der mir das zu geben bereit oder imstande ist. Denn dann wird der Mangel erst in vollem Ausmaß bewusst, zum Beispiel, wenn Hannelore sich sagen müsste: »Otto ist einfach nicht der Mann, der sich im Angesicht seiner Mutter an meine Seite stellt.« Oder wenn Marlene sich eingestehen würde, dass ihr Ludwig viel zu sehr in sich selber eingesponnen ist, als dass er ihren Verzicht würdigen könnte, oder wenn Annegret die Erkenntnis an sich heranließe, dass Martin mit seinem Beruf so überfordert ist, dass er gerade noch äußerlich einspringen, aber innerlich – jedenfalls zur Zeit – nichts mehr geben kann. Die Idealvorstellungen, die sie mit ihren Partnern verbunden haben, würden sich so in Luft auflösen und deren viel bescheidenere Realität würde schmerzhaft sichtbar.

Aber eine ganz positive Konsequenz hätte die Anerkennung der Berechtigung dieser Bedürfnisse mit Sicherheit, selbst wenn sie unerfüllt blieben: Die sinnlose Sucht-Spirale wäre damit jäh zu Ende, der Teufelskreis durchbrochen, die Eskalation gestoppt. Denn dann wäre klar, worum es wirklich geht. Dem Leben der Ilsebill-Frauen würde es dann vielleicht an Hektik und »action« fehlen, und vielleicht würde sich vorübergehend Stille und Traurigkeit ausbreiten. Aber die Fassaden wären dann schon abgebaut, bevor es zum großen Zusammenbruch kommt. Etwas Neues würde möglich.

Dieses Neue und damit der dritte Entwicklungsschritt wäre der Mut, die Bedürfnisse nach Anerkennung und Würdigung der eigenen Person auch deutlich zum Ausdruck zu bringen und sich dagegen zu wehren, wenn diese missachtet werden. Als der Fischer im Märchen auf die Klage Ilsebills über den schrecklichen Pisspott mit der Frage reagiert »Was soll ich da noch hingehen?«, habe ich Ilsebill in einer unserer »Variationen« den Satz in den Mund gelegt: »He, hast du eigentlich gehört, was ich gesagt habe?! Es stinkt mir hier und ich halte es hier nicht mehr aus! Hast du das eigentlich gehört?« Darum geht es: Die Ilsebill-Frau darf nicht zulassen, dass ihr Mann über ihr Empfinden einfach hinweggeht. Dazu ist freilich nötig, dass sie mit einem guten Schuss gesunder »Durchsetzungs-Aggression« sagt, worum es ihr geht. Frauen sind in der Regel Männern im Ausdrücken ihrer Bedürfnisse zwar überlegen, sie sind meist expressiver und emotionaler. Sie schlagen aber mit ihren Tränen und Wutausbrüchen nicht selten die Männer nur in die Flucht. Wenn sie statt eines undurchschaubaren Gefühlsschwalls eine durchaus heftige, aber klare und »positionale« Aussage von sich geben würden, könnten die Männer viel besser damit umgehen.

»Aber«, so höre ich Sie sagen, »überfordere ich ihn damit nicht? Er kann vielleicht wirklich nicht darauf eingehen! Ich verlange damit vielleicht wirklich Unmögliches von ihm!« Solche Einwände laufen auf ein Schonverhalten hinaus, mit dem die Frau sich nicht nur selber frustriert, sondern auch den Möglichkeiten des Mannes nicht gerecht wird. Ich erlebe das immer wieder in Paarseminaren und Paartherapien: Wenn die Frau aufgehört hat, bloß zu klagen und sich in Tränen aufzulösen, wenn sie angefangen hat, in einer klaren, nicht abwertenden Weise zu fordern, was sie braucht, dann kommen oft die hartgesottensten Männer in Bewegung. Meist liegt ihnen viel mehr an der Beziehung, als es im ersten Augenblick erscheint, es ist nur sehr schwer für sie, zu sehen, dass es mit dem Ja-Wort bei der Hochzeit nicht getan ist, sondern die Partnerin von ihnen immer wieder aktive und bewusste Zuwendung braucht.

Natürlich kann es trotzdem in dem einen oder anderen Fall so sein, dass das Anerkennungsbedürfnis der Frau den Mann wirklich überfordert, weil dieses so tief geht und so weitreichende Wurzeln in Mangelerlebnissen der Kindheit hat, dass es vom Ehepartner nicht voll erfüllt werden kann. In einem solchen Fall braucht sie Therapie, und ihre Hoffnung, durch die Liebe ihres Partners geheilt zu werden, ist illusorisch. Darum geht es aber in den meisten Fällen gar nicht. Vielmehr wäre das Wesentliche schon geschafft, wenn der Partner hinter der »Sachebene« die »Personebene« wahrnehmen und anerkennen würde. Die Männer hier nicht auszulassen, sondern immer wieder mit dieser Ebene zu konfrontieren, könnte für sie eine wirkliche Hilfe sein.

Denn es ist von ihrer Seite bei weitem nicht immer böser Wille oder Unfähigkeit. Viele haben nur die Wichtigkeit dieser Ebene nicht wahrgenommen und verlieren sie immer wieder aus den Augen. Oder sie meinen, wenn sie ihre Frau bedürftig erleben, sie müssten sofort irgendetwas »tun«, um das Problem zu beseitigen, wissen nicht wie, verfallen in Aktionismus und ziehen sich beleidigt zurück, weil sie damit bei den Frauen nicht ankommen. Wenn ihnen diese immer wieder klar machten, dass es meist gar nicht darum geht, etwas zu tun, sondern einfach um Aufmerksamkeit, genaues Hinhören, Mitschwingen oder nur »Da-Sein«, wäre das eine große Hilfe für viele. Denn die Bereitschaft der Männer, die Beziehung zu erhalten, ist meist sehr groß – und genauso groß ist ihre Hilflosigkeit, wie man das macht.

Was Ilsebill also zu lernen hat, ist das Wahrnehmen, Ernstnehmen und Ausdrücken ihrer Bedürftigkeit nach Achtung, Anerkennung und Wertschätzung ihrer Person. Frauen, die sich auf diesen Lernprozess einlassen, riskieren damit freilich genau wie die Männer, die den Mut fassen, statt es den Frauen recht zu machen, ihren eigenen Standpunkt zu vertreten, dass die gefürchtete Frage der Trennung auftauchen kann. Wenn nämlich der Fischer trotz allem, was sie versucht, bei seinem »Was soll ich da hingehen!?« bleibt und weiterhin stereotyp sein »Nun wolln wir mal zufrieden sein!« wiederholt: wie kann es dann weitergehen? Viele Frauen fürchten sich davor, so eindeutig vor dieser Frage zu stehen. Darum resignieren sie lieber und steigen doch wieder auf das Ilsebill-Motto um: Lieber den Spatz der kleinen (und großen) Vergnügungen in der Hand, als die Taube einer befriedigenden Beziehung auf dem Dach! Das sagen sich dann viele, kaufen sich neue Kleider, gehen an den Kühlschrank, stellen den Fernseher an und wenden sich sonstigen »kleinen Freuden« des Lebens zu.

Welche andere Wahl hat Ilsebill, wenn sie ihr Bedürfnis, sich als Person angesprochen und angenommen zu fühlen, aufrecht erhält, der Partner aber trotz aller Auseinandersetzung um diesen Punkt nicht willens oder nicht imstande ist, sich darauf einzulassen? Auf jeden Fall bedeutet das dann, dass sie verzichten muss, diesen Wunsch überhaupt oder in dem Maß, wie es ihr gut täte, vom Fischer erfüllt zu bekommen. Das kann sehr schmerzlich sein und eine tiefe Trauer auslösen. Ilsebill sollte sich die Zeit für diese Trauer nehmen. Das ist zwar nicht einfach, aber es bringt sie näher zu sich selbst und hilft ihr, sich und ihre Geschichte besser zu verstehen. Denn warum hat sie gerade diesen Mann gewählt, der ihr zentrales Person-Bedürfnis (wieder) nicht erfüllen konnte? Die Trauer, so sie zugelassen wird, führt also Ilsebill in eine intensive Beschäftigung mit sich selbst und ihrer Geschichte hinein, und dieser Prozess sollte nicht zu früh unterbrochen werden, auch wenn er wahrscheinlich für längere Zeit innere Einsamkeit mit sich bringen dürfte.

Aber zu irgendeinem Zeitpunkt taucht dann auch die Frage einer Entscheidung auf. In der Regel kann sie in zwei Richtungen gehen: Entweder Ilsebill bleibt beim Fischer, weil die gemeinsame Geschichte sie mit ihm verbindet und er ihr trotz seiner Unfähigkeit zu jener Begegnung, die sie sich wünscht, so wert geworden ist. Sie bleibt bei ihm im vollen Bewusstsein dessen, worauf sie verzichtet – und darum braucht sie auch nicht mehr zu klagen und auch nicht mehr an ihm herumzumäkeln und ihn zu drängeln. Sie hat losgelassen und ihren Frieden mit ihm gemacht.

Die andere Konsequenz wäre: Ilsebill trennt sich vom Fischer. Sie trennt sich und geht ihren eigenen Weg, weil sie hofft oder auch schon erfahren hat, dass es den Mann gibt, der sie, Ilsebill, meint und will. Freilich muss dann auch sie auf vieles verzichten, was ihr lieb und teuer geworden ist, vielleicht auf Wohlstand, vielleicht auf Sicherheit oder auf ihren guten Ruf. Aber ohne Sterben gibt es auch hier kein neues Leben, weder bei der ersten noch bei der zweiten Konsequenz. Und in diesem Sterben sind sie beide Schwestern, die Ilsebill, die bei ihrem Mann geblieben ist, und die Ilsebill, die sich von ihrem Mann getrennt hat – so sehr die Umwelt ihr Verhalten auch verschieden bewerten mag.

10. Miteinander die Vergangenheit bewältigen

Das eigentliche Dilemma, in dem Ilsebill und der Fischer stecken, kann man nach all dem, was wir über sie erfahren haben, folgendermaßen formulieren: Was Ilsebill am dringendsten braucht und eigentlich sucht, ist persönliche Begegnung. Aber genau davor, vor dieser Begegnung, hat der Fischer am meisten Angst, die wehrt er am stärksten ab. Darum versteckt er sich hinter seinem passiven Widerstand, den er mit dem äußerlichen Erfüllen ihrer Wünsche tarnt. Wir stellen in diesem Kapitel nochmals die Frage: Wie kann man verstehen, dass sich zwei Menschen wählen, die sich dann genau in ihren schwierigsten Punkten miteinander dermaßen verhaken?

Meine erste Überlegung dazu: Die Angst vor der intimen Begegnung ist wohl etwas ganz allgemein Menschliches, und wir stellen sie bei Männern wie auch bei Frauen fest. Uns vom anderen auf der tiefsten Ebene unserer Person berühren zu lassen, danach sehnen wir uns zwar alle, aber das ist etwas so »Berührendes«, ja manchmal Erschütterndes, dass es uns gleichzeitig Angst macht. Es aktiviert alle Sorten von Gefühlen: Betroffenheit, Rührung, Freude, Schmerz, ein Hin- und Hergerissen sein zwischen Weinen und Lachen. Derart die »Haltung« zu verlieren, erfüllt uns mit Angst, weil wir dadurch aus dem Rahmen und den Normen unserer nüchtern-sachlichen Gesellschaft herausfallen. Zudem ist Begegnung immer damit verbunden, dass man sich einlassen, sich anvertrauen, also ein Stück weit aus der Hand geben muss. Unsere Selbstkontrolle sträubt sich dagegen, das ist verständlich. Hier scheint ein ganz allgemein menschlicher Grund zu liegen, dass wir auch in der intimen Beziehung einander nicht nahe kommen, sondern uns auf Distanz halten.

Das bleibt nicht selten verdeckt, weil es so scheint, dass nur einer der beiden Partner diese Angst vor Nähe hat. Die Frau möchte ja immer etwas vom Mann, und der Mann ist derjenige, der immer nur abblockt. Das sieht so aus, als ob nur er es wäre, der die Begegnung meidet, ähnlich wie es auch im Märchen so erscheint, dass immer nur der Fischer es ist, der sich entzieht. Aber könnte es nicht sein, dass die Angst der Männer vor Nähe die der Frauen manchmal nur in den Hintergrund drängt? Es scheint dann so, dass nur *er* der Begegnungs-Unfähige ist, denn *sie* kann ganz auf die Seite der Sehnsucht danach gehen. Dies ist ein häufiges Phänomen in Paarbeziehungen: Wenn die Schwierigkeiten des einen in einem bestimmten Bereich sehr im Vordergrund stehen, treten die möglichen Probleme des anderen im selben Bereich in den Hintergrund, oder es scheint sogar, dass sie bei ihm gar nicht vorhanden sind. Das Blatt kann sich allerdings sehr schnell wenden, wenn derjenige, der die Probleme »hat«, sich damit auseinanderzusetzen beginnt.

So ist mir aus einer Paar-Gruppe noch folgende Szene in lebendiger Erinnerung: Doris beklagte sich zu Recht darüber, dass Max sich ihr immer wieder entzog, wenn es schwierig wurde, und sie in kritischen Momenten allein ließ. Sie war wütend und weinte, und Max reagierte darauf genauso, wie sie ihn geschildert hatte: Er verstummte, zog sich in sich selbst zurück und verlegte sich schließlich darauf, sich selbst als unfähig hinzustellen und kein gutes Haar mehr an sich zu lassen, was Doris zu ihrer Wut und ihrem Schmerz hinzu nun noch völlig hilflos machte. Wir, das Therapeutenpaar, gingen nicht in die Falle und konfrontierten ihn heftig mit dieser neuen Variante, sich davonzustehlen. Max war sehr betroffen. Am folgenden Tag erschien er verwandelt. Offenbar hatte es über Nacht in ihm intensiv gearbeitet. Er wandte sich an Doris und sagte: »Mir ist heute Nacht klar geworden, was ich die ganze Zeit mit dir gemacht habe. Und ich habe mich entschlossen, damit aufzuhören. Ich will mich nicht mehr davonmachen, ich will dein Mann sein, und ich will dich als meine Frau haben, und ich möchte dich fragen, ob du das auch willst!« Man spürte, dass es Max wirklich ernst war. Und in Doris' Augen glänzte Freude auf, aber zugleich kam unübersehbar auch die Angst hoch. Sie stotterte herum und antwortete ausweichend. Jetzt, da ihr Mann so eindeutig auf sie zukam, geriet nun sie ganz schön ins Schlingern.

Solange Doris nur hinter ihm her war, konnte sie ihn als Gegenüber lauthals einfordern, nun, da er von sich aus so eindeutig auf sie zukam, löste das bei ihr Weglauftendenzen aus. Sie hatte sehr viel für die Beziehung getan und immer wieder die persönliche Begegnung reklamiert. Aber sie hatte damit ein *gemeinsames* Thema angesprochen, nicht nur das des Mannes, sondern auch ihr eigenes. Jetzt wurde das deutlich, und auch sie musste ihren ganzen Mut zusammennehmen, um die Nähe des Mannes, nach der sie sich so lange gesehnt hatte, auszuhalten. Jürg Willi hat in seinem berühmten Buch »Die Zweierbeziehung« als einer der ersten darauf hingewiesen, dass Paare, auch wenn sie vordergründig sehr gegensätzlich erscheinen, im Kern oft dasselbe Problem haben. Ohne dass sie sich dessen voll bewusst wären, spüren sie diese Ähnlichkeit, darum wählen sie sich, polarisieren sich dann aber in gegensätzlichen Positionen, obwohl zum Beispiel die Angst vor der Begegnung ihr gemeinsames Problem ist.

Über diese allgemein-menschliche Angst hinaus scheint es noch eine zweite, eine geschlechterspezifische Angst vor echter Begegnung zu geben. Der Mann hat Angst vor der Begegnung mit der Frau, und die Frau hat Angst vor der Begegnung mit dem Mann. Warum? Mann und Frau haben als Menschen, als Erwachsene, als ebenbürtige Partner sehr vieles gemeinsam. Es gibt aber auch eine fundamentale Fremdheit zwischen ihnen, eine Fremdheit, die von der Verschiedenheit ihres Geschlechts herrührt. Wie weit sie geht, haben uns gerade in letzter Zeit verhaltensbiologische und gehirnphysiologische Forschungen wieder neu bewusst gemacht.

Hier ist allerdings große Vorsicht geboten. Manche Forscher und vor allem manche Journalisten, die ihre Ergebnisse in Illustrierten und Boulevardblättern vermarkten, verfolgen bei der Herausarbeitung der geschlechtsspezifischen Unterschiede massiv ideologische Ziele: Entsprechend den wieder konservativer gewordenen Trends sollen von der Biologie her die alten Rollenbilder und Verhaltensmuster des Patriarchats neu begründet und als im »Wesen« der Geschlechter liegend hingestellt werden. Dies ist eindeutig ein Missbrauch der Forschung. Denn es ist gerade die typische Eigenart des Menschen, die ihn von allen anderen Lebewesen unterscheidet, dass er durch vorgegebene Anlagen nicht einfach festgelegt ist, sondern diese zu gestalten imstande ist. So mag der Mann ganz instinktiv und aufgrund seines biologischen »Programms« die Tendenz haben, seinen Samen möglichst weit zu streuen und deshalb tatsächlich weniger monogam *veranlagt* sein als die Frau aufgrund ihres biologisch angelegten »Nest-Schützer-Triebes«. Aber das allein bedeutet ja noch lange nicht, dass er im Unterschied zu ihr mehrere sexuelle Beziehungen haben *muss*. Das hieße doch, die freie und bewusste Gestaltbarkeit des Lebens zu leugnen und dem Menschen gerade jene Stufe der Evolution streitig zu machen, die ihn zum Menschen macht.

Diese missbräuchliche Verwendung der Geschlechter-Forschung sagt freilich nichts gegen deren Wert. Denn viele Konflikte in Paarbeziehungen stammen gerade daher, dass aufgrund der Betonung der Gleichheit der Geschlechter, die in den letzten Jahren im Vordergrund stand, Frauen und Männer Verhaltensweisen wie selbstverständlich voneinander verlangen, die vom anderen nicht so ohne weiteres erbracht werden können, weil sie bei ihm aufgrund seines Geschlechts nicht so ohne weiteres zur Verfügung stehen. Das macht uns die heutige Geschlechterforschung wieder bewusst, angefangen vom verschiedenen Körperbau über die verschiedenen Körperempfindungen bis hin zu den geschlechtsspezifischen Eigenarten des Denkens, Fühlens und Erlebens. Weil Mann und Frau aber so verschieden sind, sind sie sich auch fremd. Sofern Fremdes einen nicht gleichgültig lässt, weil es zu weit weg ist, erzeugt es immer zweierlei Reaktionen: einerseits Neugier, Faszination, Anziehung, aber andererseits auch Irritation und Angst – um so mehr, je näher man mit dem Fremden zu tun bekommt. Das Fremde löst in uns also ambivalente Empfindungen aus, Furcht sowohl wie Faszination.

Bei Mann und Frau wird diese Ambivalenz da besonders stark, wo die Fremdheit am unabweisbarsten wird, bei den körperlichen Unterschieden des verschiedenen Geschlechts, beim weiblichen Schoß und beim männlichen Penis. Neben der Sehnsucht danach, im Schoß der Frau aufzugehen und sich in ihn zu ergießen, hat der Mann immer auch die Angst, von diesem verschlungen zu werden. Und neben der Sehnsucht, den Penis aufzunehmen und zu empfangen, hat die Frau immer auch die Angst, von diesem angegriffen und verletzt zu werden. So bleibt die Frau für den Mann partiell auch immer eine verschlingende oder festhaltende Hexe und der Mann für die Frau ein blutrünstiger, tötender Blaubart. Diese »Archetypen« des Weiblichen und des Männlichen sind in der Seele von Mann und Frau immer vorhanden und können durch die Begegnung der Geschlechter jederzeit aktiviert werden, so dass die Faszination plötzlich in Furcht umschlägt und die aufkommende Nähe durch einen plötzlichen Schritt der Distanzierung durchkreuzt wird.

So gesehen, haben die Fühllosigkeit und Verschlossenheit des Fischers und der Fischer-Männer ihren Ursprung auch in der geschlechtsspezifischen Verschiedenheit zur Frau: Sie sind ein Schutz und ein Sich-Wehren gegen die Phantasie der verschlingenden Frau. Der weit verbreitete Vorbehalt der Männer gegen die Wünsche der Frauen könnte hier eine tiefliegende Wurzel haben. Sie wollen sich nicht von deren »Unersättlichkeit« verschlingen lassen, die das Märchen ja auch auf drastische Weise zeichnet – womit es unverkennbar zeigt, dass es einer typischen Männer-Phantasie entstammt. Die Angst schafft Distanz, das verhindert Begegnung. Denn wovor man sich schützen muss, das hält man sich vom Leib und vor allem von der Seele.

Auch hier gilt wieder: Beim Fischer und seiner Frau tritt nur der Anteil des Mannes in den Vordergrund. Er ist es, der sich hinter seinen Fragen und Beschwichtigungen, hinter seiner widerständigen Passivität und hinter seiner bloß äußerlichen Willfährigkeit versteckt und abschottet. Ilsebill dagegen scheint ständig auf ihn zuzugehen. Freilich, auch bei ihr wird möglicherweise etwas von der beschriebenen Geschlechterangst sichtbar, wenn man genauer hinschaut. Denn die Tatsache, dass Ilsebill ihre Sehnsucht in Wünsche nach äußerem Glanz kleidet, ist ein deutliches Zeichen dafür, dass auch sie sich vor einer echten Begegnung mit dem Mann schützt, weil sie ihn damit in eine immer größere Distanz schiebt. Außerdem schafft sie durch den Umstand, dass sie immer mehr Macht anhäuft und immer höher steigt, ein unüberbrückbares Gefälle, das jede Nähe zerstört. Unübersehbar deutlich wird dies, als sie den Fischer anschreit: »Ich bin der Kaiser, und du bist nur mein Mann!«

Aus der Angst vor echter Begegnung, einer Angst, die wir alle kennen, weil wir Menschen sind und weil wir Männer und Frauen sind, spielen also beide Partner möglicherweise zusammen, so dass Nähe, trotz der Sehnsucht, die sie danach haben, nicht zustande kommt. Was uns am tiefsten betrifft und uns am tiefsten beglückt, ist immer auch das, wovor wir am meisten Angst haben. Darum stehen wir in der Gefahr, es gerade dann zu verhindern, wenn es uns – endlich – widerfahren will.

Wir sind mit diesen Überlegungen, warum der Fischer und seine Frau verhindern, sich das zu geben, was sie doch so notwendig voneinander bräuchten, bisher im allgemeinmenschlichen Bereich geblieben. Eine wichtige Schlussfolgerung daraus ist für mich: Probleme in Paarbeziehungen müssen nicht immer in Defiziten ihre Ursache haben, welche die Partner – zum Beispiel aus ihrer Vergangenheit – in die Beziehung hineintragen. Ängste vor Intimität, Begegnung, persönlicher Berührung sind schon in unserem Menschsein angelegt. Deshalb haben Schwierigkeiten in Paarbeziehungen oft nicht oder nicht in erster Linie mit Psycho-Pathologie zu tun. Nicht jede Paar-Krise ist auf eine Neurose zurückzuführen! Als Leib-Seele-Geist-Wesen sind wir so komplex gebaut, dass es mit der bloßen Paarung noch nicht getan ist. Uns zu begegnen, ist eine komplizierte Aufgabe. So *müssen* wir miteinander in Krisen geraten, und es gehört zu unserer menschlichen Natur, dass uns so manches nur sehr unvollkommen gelingt. Wenn wir also Hilfe vom Therapeuten brauchen, sind wir deshalb noch keineswegs krank und müssen uns noch weniger als Versager fühlen.

Wenn allerdings das Zusammenspiel eines Paares immer wieder die Form eines ähnlich eskalierenden Teufelskreises annimmt, wie das Märchen ihn vom Fischer und seiner Frau schildert, dann kann man davon ausgehen, dass es sich dabei nicht nur um solche allgemein-menschlichen Schwierigkeiten handelt, sondern dass die Partner Beziehungserfahrungen aus ihren Herkunftsfamilien mitbringen, die diese Schwierigkeiten verstärken und zusätzliche Stolpersteine auf dem Weg zu einer befriedigenden Zweierbeziehung darstellen. Ich möchte deshalb hier ein paar sehr hypothetische Überlegungen anstellen, welche Erfahrungen in ihren Herkunftsfamilien im Hintergrund des Beziehungsmusters des Fischers und seiner Frau stehen könnten. Ich nehme die beiden dafür wieder als Typen für eine heute oft begegnende Paarkonstellation und verpflanze sie damit aus ihrer

Zeit in die heutige Gesellschaft. Möglicherweise tue ich ihnen damit (wieder) literarische Gewalt an, aber vielleicht waren die Beziehungserfahrungen früherer Generationen doch gar nicht so unterschiedlich von unseren heutigen.

Der Fischer-Mann kommt – so ist aus vielfältiger Erfahrung zu vermuten – aus einer Familie, in der für ihn die Mutter im Vergleich zum Vater die weitaus wichtigere Rolle gespielt hat. Er erlebte sie in einer verhängnisvollen Kombination von fürsorglich-dominant, kontrollierend und zugleich sehr bedürftig. Im familiären Dreieck stand er, der Sohn, der Mutter emotional viel näher als der Vater. Die Mutter bekam nicht sehr viel von ihrem Mann. Entweder war er physisch oder psychisch »nicht vorhanden«. Bei Fischer-Männern unserer Generation war er vielleicht im Krieg geblieben oder in der typischen Nachkriegs-Situation völlig vom Wiederaufbau absorbiert worden. Im Zuge der Reflexionen zur fünfzigsten Wiederkehr des Weltkriegsendes ist uns erneut bewusst geworden, wie sehr dieser Wiederaufbau-Fanatismus auch aus dem starken Bedürfnis kam, die schlimmen Ereignisse des Nazi-Regimes und des Krieges sowie eigenes Mitläufertum und eigene Schuld zu vergessen und zu verdrängen. Die äußere Notwendigkeit des Aufbaus bekam ihre beziehungszerstörende Verbissenheit durch die innere »Notwendigkeit« des Vergessens. Viele Ehen sind daran innerlich zugrunde gegangen – das äußere Zerbrechen wurde durch die konservative Mentalität der frühen fünfziger Jahre in der Mehrzahl vorerst noch verhindert. Nicht verhindert aber wurde, dass in dieser Konstellation einer der Söhne, der spätere »Fischer-Mann«, für die Mutter eine viel zu große emotionale Bedeutung bekam und der Vater für ihn oft fast vollständig ausfiel. Damit wurde der Sohn mit Ansprüchen konfrontiert, denen er nicht gerecht werden konnte.

Der mütterlichen Fürsorge gegenüber, die gleichzeitig mit emotionaler Bedürftigkeit und elterlicher Kontrolle kombiniert war, konnte der Junge sich nur sehr indirekt abgrenzen. Äußerlich musste er oft mitmachen, innerlich aber musste er sich schützen. So gab er zum Beispiel ihren Liebkosungen äußerlich nach, aber emotional schaltete er auf eine für ihn im Kontakt zu Frauen später so typische Weise einfach ab. In der Pubertät wurde es noch schwieriger, zwischen seinem Drang, sich abzulösen, und den Bindungsanforderungen seiner Mutter Kompromisse zu finden. Er blieb äußerlich der angepasste Junge, der den mütterlichen Erwartungen entsprach und ihre Wünsche erfüllte, aber was in ihm wirklich vorging, verbarg er, und wenn es möglich war, stahl er sich heimlich davon, wobei er verschwieg oder beschönigte, was er »da draußen« alles trieb. Höchstens in ungehaltenem Maulen und trotzigem Schweigen äußerte er seinen Distanzierungswillen. Am Modell seines Vaters sah er oft recht ähnliche Abgrenzungsstrategien, und so kam es, dass er vieles in sich verschloss, zum Beispiel seine Aggression, mit der er sich hätte behaupten und offen abgrenzen können, und zwar so tief, dass er selber oft gar nichts mehr davon spürte.

Nach außen hin wirkte das wie angenehme Zurückhaltung oder sogar souveräne Ruhe und verlieh ihm eine eher weiche, gemütvolle Ausstrahlung. Irgendwie – so schien es – hatte er einen »Draht« zu Frauen, mehr jedenfalls als zu Männern, die ihm eher fremd und unheimlich blieben – so wie sein Vater. Jemand mit dieser Ausstrahlung bietet sich, wenn er herangewachsen ist, Frauen als »Erlöser« an. Sein Ressentiment gegen den Vater, der seine Mutter so allein gelassen hat, dass er die ganze Last allein zu tragen hatte, trägt dazu bei, denn er will es verständlicherweise ganz anders machen, als er es vom Vater erlebt hat. Sein ganzes Wesen vermittelt den Frauen die Botschaft: Komm her, ich bin nicht so ein Böser, mir kannst du vertrauen!

Das ist genau der Punkt, auf den die IlsebillFrau aus der Erfahrung ihrer Herkunftsfamilie »anspringt«. Oft stammt sie aus einer ganz ähnlichen Konstellation, die in unserer Generation typisch ist für die Nachkriegs-Familie: Die Mutter allein mit den Kindern, der Vater nicht verfügbar. Aber bei einem Mädchen wirkt sich dies aufgrund des Geschlechtsunterschieds anders aus. Für die Entwicklung der Geschlechtsidentität eines Kindes ist der gegengeschlechtliche Elternteil deshalb von großer Bedeutung, weil er es ist, der als erster den Unterschied repräsentiert und die erste gegengeschlechtliche Faszination vermittelt. Während der Fischer-Mann als Junge bei seiner Mutter »zu viel« davon abbekam und sich deshalb ihr gegenüber in der ambivalenten Mischung von Bindung und Abwehr verstrickte, hat die Ilsebill-Frau als Mädchen beim Vater »zu wenig« davon erfahren. Der gegengeschlechtliche Andere blieb durch die Distanziertheit des Vaters der Ferne, Unerreichbare. Er war eine Verheißung, die nicht erfüllt wurde. Die Ilsebill-Frau sehnte sich danach, vom Vater als das Mädchen, das sie war, wahrgenommen, angenommen, wertgeschätzt zu werden. Aber sehr oft bekam sie den Eindruck, dass der Vater sie gar nicht bemerkte oder aber nur so selten, dass sie zwar spürte, was sie gebraucht hätte, aber nicht satt wurde. Daraus musste bei ihr der Eindruck entstehen, dass sie als Mädchen wahrscheinlich zu unwichtig oder auch fehlerhaft war. Ilsebill geht ins Erwachsenenalter mit dieser großen Unsicherheit über ihren Wert als Frau und mit der großen Sehnsucht nach dem liebenden Mann, der sie in ihrem Wesen »erkennt«. Aber weil sie keine konkrete Erfahrung mit einem solchen Mann hat, hält sie das Weiche und Ruhig-Zurückhaltende des jungen Fischer-Mannes für genau das, was sie sucht, und seine Bereitschaft, es Frauen »recht« zu machen, verwechselt sie mit Liebe und Anerkennung für ihre Person.

Der Fischer-Mann seinerseits ist sehr auf der Suche nach Anerkennung als Mann. Von seiner Mutter fühlte er sich als kleiner Junge festgehalten, am Vater erlebte er Männlichkeit nicht als attraktives Modell. Er orientiert sich darum nicht am Vater, sondern hofft durch die Freundin von der Mutter befreit und zum Mann erlöst zu werden. Ilsebills Sehnsucht nach männlicher Anerkennung erfährt er darum seinerseits als große männliche Bestätigung. Ihre oft drängende innere Unruhe erscheint ihm als die Lebendigkeit, die er sucht, um seine eigene innere Verschlossenheit zu überwinden.

So werden beide ein Paar in der Hoffnung, das beim andern zu finden, was der Fischer-Mann bei seiner Mutter und die Ilsebill-Frau bei ihrem Vater nicht gefunden hat. Insgeheim aber re-inszenieren sie damit ziemlich genau ihr »Familien-Drama« wieder aufs neue. Im Laufe ihrer gemeinsamen Geschichte kommt das mehr und mehr zum Vorschein – und die Beziehung »kippt« in den Negativbereich. Im Märchen ist dieser Wendepunkt sehr dramatisch durch das Auftauchen des »Dritten«, des Zauberfisches, markiert. Im gewöhnlichen Leben passiert es oft auch durch einen Dritten, ein Kind, einen Freund, eine Geliebte, aber häufiger noch auf eine recht unscheinbare Weise. Eines Tages entdeckt die Ilsebill-Frau an einer Kleinigkeit ein Stück Desinteresse des Fischer-Mannes an ihr als Person. Sie ist irritiert und hakt nach. Das kommt bei ihm als Forderung an – als Forderung, die er so gut von seiner Mutter kennt, die immer irgend etwas von ihm wollte, das er nicht geben konnte. Fast automatisch aktiviert er deshalb das bewährte alte Abwehrmuster: Er äußert sich nicht direkt, sondern verschließt sich (»Was soll ich da hingehen?«), beruft sich auf äußere Gründe (»Das Haus ist doch gut genug!«) und passt sich – äußerlich – an (»… ging aber doch hin«). Damit aber enttäuscht er Ilsebills Sehnsucht genauso, wie diese es von ihrem Vater erlebt hat. Sie wird darum wütend, und weil sie nicht ganz versteht, was hier eigentlich vorgeht, fängt sie an, einerseits ihre Unzufriedenheit und ihre Wünsche nach außen zu verlagern und zu steigern und andererseits das Verhalten des Fischer-Manns immer mehr zu kontrollieren, in der verzweifelten

Hoffnung, erzwingen zu können, was er ihr nicht freiwillig gibt. Damit bestätigt sie aber nur den Eindruck des Fischer-Mannes, dass sie es genau wie seine Mutter macht. Die wollte auch seine Zuwendung, indem sie seine Wünsche, sich abzusetzen unter ihre elterliche Kontrolle nahm und ihn so festzuhalten versuchte. Er verschwindet innerlich als eigenständige Persönlichkeit noch vollständiger von der Bildfläche und versucht, durch noch mehr Anpassung zu erreichen, dass sie endlich Ruhe gibt. Beide re-inszenieren also mit ihrem Partner das eigentliche Problem, das *er* mit seiner Mutter und *sie* mit ihrem Vater hatte. Weil es aber auf diese Weise keine Lösung geben kann, entwickelt sich jener Teufelskreis und kommt jene Eskalation immer mehr auf Touren, die wir aus dem Märchen kennen.

Der Begründer der Transaktionsanalyse, Eric Berne, hat im Blick auf derartige Zusammenhänge gesagt, die Betroffenen würden handeln wie nach einem vorgegebenen »Skript«, womit er das Rollenbuch eines Theaterstücks meinte, in dem die Rollen und Verhaltensweisen der Schauspieler genau vorgeschrieben sind. Er meinte, solche »Skripts« würden wir in der Kindheit nach dem Muster unseres »Familiendramas« und seiner Akteure innerlich entwickeln, und sie dienten uns später als Erwachsene dazu, unsere Lebensrollen zu finden und unsere Lebensläufe zu gestalten. Das klingt fatalistisch, als ob wir keine Wahl hätten, sondern immer und immer wiederholen *müssten,* was wir in unserer Kindheit erlebt haben – immer und immer wieder bis ans bittere Ende »im Pisspott«. Zweifellos können wir beobachten, wie Menschen, die solchen tragischen Skripts folgend, unausweichlich in ihr Unglück rennen. Aber selbst der nicht sehr optimistische, manchmal sogar zynische Berne war der Meinung, dass dies nicht notwendig so sein muss, dann nämlich, wenn wir diese Zusammenhänge durchschauen. Dann wird es möglich, der fatalen Dynamik des Fischers und seiner Frau zu entrinnen, die Gegenwart von der Vergangenheit zu unterscheiden und unsere Skripts um- und neu zu schreiben.

So gesehen, ist die Tatsache, dass wir gerade in den intimsten Beziehungen, in unseren Partnerschaften, diese Skripts neu inszenieren, zwar einerseits eine Last, aber auf der anderen Seite ist es auch eine Chance. Denn damit werden ja Entwicklungsaufgaben, die aufgrund der besonderen Umstände in unserer Herkunftsfamilie unerledigt liegen geblieben sind, wieder aktualisiert. So können wir uns die Zusammenhänge bewusst machen und Alternativen finden. Die Eltern sind schon lange tot, oder sie sind als alte Menschen heute nicht mehr die Eltern von damals. Eine »Rückkehr« in die Herkunftsfamilie, um die unerledigten Angelegenheiten dort zu einem guten Ende zu führen, ist oft nicht mehr möglich. Aber mit meinem Partner habe ich es täglich zu tun und er mit mir, und wenn ich da mit ihm mein »altes Familiendrama« re-inszeniere, habe ich damit gleichzeitig auch die Chance, mit ihm gemeinsam das Stück umzuschreiben. Die Entwicklungsaufgabe, die damals liegengeblieben ist – mit dem Lebenspartner stellt sie sich neu, kann sie neu aufgegriffen und zu einem besseren Ende geführt werden.

Denn es ist keineswegs so, dass wir in unserer heutigen Paarbeziehung vollständig wieder zum Kind würden, das in der Partnerin einer mächtigen Mutter und im Partner einem fernen Vater gegenübersteht. Auch wenn sich gerade in der Partnerschaft unser »inneres Kind« besonders deutlich bemerkbar macht und die Tendenz hat, den anderen in die Elternrolle zu manövrieren, um die alten Beziehungskonstellationen zu erneuern, sind wir doch auch Erwachsene, und wir wären nicht so weit gekommen, wenn nicht außer jenen unbewältigten Neigungen zu problematischer Beziehungsgestaltung auch eine Menge anderer, gesunder Kräfte in uns am Werke wären, mit denen wir kreativ auch Neues zustande bringen können. In der Regel verkennt die Ilsebill-Frau ja nicht *nur,* wo ihre wahren Bedürfnisse sind, und hat der Fischer-Mann nicht *nur* Angst vor der verschlingenden Frau. Meist haben sie aufgrund von positiven Erfahrungen, die sie ja auch gemacht haben, sowohl in der Kindheit mit den Eltern als auch in ihrer bisherigen Lebens- und Lerngeschichte, ein Potential an gesunder Kraft in sich, das nur geweckt werden muss. Der verwunschene Prinz im Fisch kann für beide befreit werden, sowohl für den Fischer-Mann wie für die Ilsebill-Frau. Er ist da, in jedem von uns, er muss nur erkannt werden! Zudem haben beide aufgrund der recht ähnlichen Grundsituation ihrer Kindheit die Möglichkeit zu einem tiefen Verständnis füreinander. Das sind gute Voraussetzungen. Solange sie ganz unbewusst vor sich hinleben, haben beide tatsächlich die Tendenz, »sich wie Blinde gegenseitig in die Grube zu stoßen«. Aber wenn sie bereit sind, die Zusammenhänge zu erkennen und sich gegenseitig zu unterstützen, sind gerade die beiden prädestiniert wie niemand anderer sonst, ihr Skript miteinander zu revidieren.

Ob beide das in intensivem Gespräch miteinander ganz alleine für sich machen, ob sie sich Hilfe holen in einer Paar- oder Einzeltherapie, ob sie ihre Kommunikation trainieren, wie ich es im siebten Kapitel demonstriert habe, ob sie in Gruppen daran arbeiten, in denen mit den Gruppenteilnehmern die alten Familienkonstellationen nachvollzogen und »neu geordnet« werden, das ist im Grunde zweitrangig. Jeder mag hier seinen Bedürfnissen und Neigungen folgen. Wesentlich ist dabei das Ziel: Immer kommt es darauf an, dass wir lernen, die Gegenwart von der Vergangenheit zu unterscheiden und zu trennen. Der Fischer-Mann und die Ilsebill-Frau hatten als Kinder in ihren Herkunftsfamilien keine Wahl, sich anders zu verhalten. Aber heute, als Erwachsene, können sie aus den alten Bahnen aussteigen und ihre Beziehung kreativ so gestalten, wie es ihren Sehnsüchten entspricht.

11. Das Ende wie der Anfang?

Draußen aber ging ein Sturm und brauste, dass der Mann kaum auf den Füßen stehen konnte. Häuser und Bäume wurden umgelegt, die Berge bebten, und Felsstücke rollten in die See. Der Himmel war pechschwarz, und es donnerte und blitzte. Die See ging in schwarzen Wogen, hoch wie Kirchtürme und Berge, und oben hatten sie eine weiße Schaumkrone. Da schrie er, und er konnte sein eigenes Wort nicht hören:

»Manntje, Manntje, Timpe Te,
Buttje, Buttje in der See,
meine Frau, die Ilsebill,
will nicht so, wie ich wohl will.«

»Na, was will sie denn?« fragte der Butt. »Ach«, sagte der Mann, »sie will werden wie der liebe Gott!« – » Geh nur, sie sitzt schon wieder in dem alten Pisspott.«

Und da sitzen sie noch bis auf den heutigen Tag.

Wir haben Ilsebill und den Fischer auf den vergangenen Seiten begleitet, und ich habe immer wieder darauf hingewiesen, wo und wie es Möglichkeiten für sie gegeben hätte, jenes dramatische Ende, das wir uns hier noch einmal vor Augen geführt haben, zu vermeiden. Nun frage ich mich allerdings: War das eigentlich sinnvoll und nötig? Denn der Schluss des Märchens zeigt doch, dass das ganze Drama in sich zusammenfällt, auch ohne dass einer von beiden einen ernsthaften Versuch gemacht hat, dem Geschehen eine andere Richtung zu geben. Sorgt nicht hier, wie so oft, das Leben selbst dafür, dass die Fassaden, die wir vor uns und um uns herum aufbauen, einstürzen? Ilsebill sitzt wieder in ihrem Pisspott, und der Fischer sitzt bei ihr. Sie sind wieder da, wo sie am Anfang waren. Der Traum ist ausgeträumt.

Solche Verläufe gibt es immer wieder. In unseren Beispielen haben wir das bei Hannelore und Otto gesehen. Der Schuldenberg wurde riesig, das Haus musste versteigert werden – also auch ein Ende »im Pisspott«. Die große Frage lautet allerdings: Ist das Drama wirklich zu Ende? Haben der Fischer und seine Frau daraus gelernt? Lernen Menschen überhaupt aus solchen Erfahrungen? Die Antwort heißt: Bei weitem nicht immer. Es gibt viele, die mit demselben oder verschiedenen Partnern immer wieder den alten Teufelskreis wiederholen, obwohl er jedesmal »im Pisspott« endet. Viele Ilsebills wünschen sich nach einiger Zeit wieder ein hübscheres Häuschen, übersehen wieder, wie die Fischer ihre Wünsche missachten, sind wieder unzufrieden, verschieben ihre Wünsche wieder nach außen – und schon dreht sich die Spirale aufs neue. Marlene und Ludwig sind, wenn auch auf eine recht undramatische Weise, ein Beispiel für dieses »Immer wieder«. Warum werden sie nicht aus Erfahrung klug? Warum gibt es immer wieder eine neue Runde?

Der Grund liegt darin: Einerseits möchten sie, dass es besser ausgeht, darum versuchen sie es immer wieder. Aber andererseits durchschauen sie nicht, worum es hier wirklich geht, und darum geht es immer wieder in der gleichen Weise schief. Nur wenn wir uns bewusst werden, worum es geht, nur wenn unsere Bewusstheit von uns selbst und unserer Beziehung ständig wächst, ist das Leben ein Lehrmeister, andernfalls ist es umbarmherzig wie der Butt im Märchen und verwickelt uns immer wieder in dieselben Schlingen.

Wie ist es aber im Märchen? Hier geht die Spirale ja nicht mehr von neuem los. Da sitzen die beiden »bis zum heutigen Tag«. Irgendetwas ist also anders geworden. Die Frage ist freilich, was? Hat sich Ilsebill das Wünschen abgewöhnt? Bringt sie der verwunschene Fisch-Prinz nicht mehr aus der Ruhe? Hat sie also resigniert? Dann ist der Unterschied allerdings nicht sehr groß. Denn die Resignation ist nur die Vermeidung neuerlicher Enttäuschung, sie ist noch keine Alternative. Wenn Ilsebill nur resigniert hat, dann wird sie voller Bitterkeit dasitzen, vielleicht sogar voll von stillem Hass auf den Fischer und bitterer Enttäuschung über ihren Märchenprinzen, der sie im entscheidenden Moment hat hängenlassen. Und er, der Fischer an ihrer Seite? Er wird zwar erleichtert sein, dass sie Ruhe gibt, aber besonders wohl dürfte er sich dabei auch nicht fühlen, denn er wird die Kälte und die Distanz spüren, und das wird ihn einsam machen. Wer resigniert, hat zwar aufgehört, im alten Drama mitzuspielen, er hat die alte Rolle abgelegt. Insofern kann Resignation eine wichtige Voraussetzung für etwas Neues sein und insofern hätten die beiden doch durch den leidvollen Prozess ihres Zusammenlebens etwas Wichtiges gelernt. Aber zu einer neuen Aufführung, zu einem neuen Stück hätte es dann immer noch nicht gereicht. Und die Gefahr wäre in diesem Fall nicht von der Hand zu weisen, dass dann im kleinen, im täglichen Mini-Ehekrieg das alte Muster doch wieder aufleben würde. Es wäre dann vielleicht weniger dramatisch, aber – wie die Erfahrung lehrt – nicht viel weniger aufreibend.

Aber vielleicht ist alles auch ganz anders. Könnte das Dasitzen der beiden nicht auch ein ruhiges, gelassenes Nebeneinander sein, über dem ein tiefer Friede liegt? Könnte es also sein, nachdem der Spuk in sich zusammengebrochen, der Reichtum verloren, die Macht dahin ist, dass etwas Neues zwischen ihnen entstanden ist? Vielleicht sogar Nähe? Vielleicht sogar jene Nähe, der sie sich am Anfang verweigert haben und die das ganze große Drama mit Haus, Schloss, König, Kaiser, Papst von vornherein unnötig gemacht hätte? Ja, wenn das so wäre, dann wäre wirklich das Leben selbst ihr Lehrmeister gewesen. Dann hätten sie das, was der »Dritte«, der Butt, in ihr Leben hineingebracht hat, bei allem Unglück doch auf eine positive Weise integriert und sich zu eigen gemacht. Manchmal soll es das ja auch wirklich geben, manchmal müssen Menschen den Kelch bis zur Neige leeren, dann haben sie verstanden. Sie müssen ihr Skript ein-, zwei-, dreimal bis zum bitteren Ende aufführen, dann sind sie durch und sind frei. Allerdings sind die Kosten, die seelischen, körperlichen wie materiellen, die sie dafür entrichten mussten, sehr hoch. Ilsebill und der Fischer demonstrieren es eindrucksvoll. Damit es vielleicht auch etwas weniger kostspielig gebt und der eine oder andere von Ihnen, liebe Leserin, lieber Leser, schon etwas früher aus dem Teufelskreis auszusteigen vermag, darum habe ich dieses Buch geschrieben. Ich hoffe, Sie können es sich in diesem Sinne zunutze machen!

Die Deutsche Bibliothek – CIP-Einheitsaufnahme
Bibliografische Information der Deutschen Bibliothek
Die Deutsche Bibliothek verzeichnet diese Publikation in der Deutschen Nationalbibliografie; detaillierte bibliografische Daten sind im Internet über http://dnb.ddb.de abrufbar

Neu gestaltete Ausgabe des erstmals 1996 im Kreuz Verlag Zürich und 2001 im Kreuz Verlag Stuttgart erschienenen Titels

Postfach 80 06 69, 70506 Stuttgart

www.kreuzverlag.de

Umschlaggestaltung: P.S. Petry & Schwamb, Agentur für Marketing und Verlagsdienstleistungen, Freiburg
Umschlagbild: © plain picture/alt-6
Satz: de·te·pe, Aalen
Druck und Bindung: freiburger graphische betriebe, Freiburg

ISBN 978-3-7831-2862-8